普通高等教育精品课程教材

现代教育技术
（文科·中册）

XIANDAI JIAOYU JISHU
（WENKE · ZHONGCE）

主　编◎王建军　唐前军
副主编◎田密娟　付　蓉

西南财经大学出版社
Southwestern University of Finance & Economics Press
中国 · 成都

图书在版编目(CIP)数据

现代教育技术.文科.中册/王建军,唐前军主编;田密娟,付蓉副主编.
—成都:西南财经大学出版社,2022.7
ISBN 978-7-5504-5396-8

Ⅰ.①现… Ⅱ.①王…②唐…③田…④付… Ⅲ.①教育技术学—教材
Ⅳ.①G40-057

中国版本图书馆 CIP 数据核字(2022)第 102268 号

现代教育技术(文科·中册)

主　编　王建军　唐前军
副主编　田密娟　付　蓉

策划编辑:邓克虎
责任编辑:邓克虎
责任校对:乔雷
封面设计:何东琳设计工作室
责任印制:朱曼丽

出版发行	西南财经大学出版社(四川省成都市光华村街 55 号)
网　　址	http://cbs.swufe.edu.cn
电子邮件	bookcj@swufe.edu.cn
邮政编码	610074
电　　话	028-87353785
照　　排	四川胜翔数码印务设计有限公司
印　　刷	郫县犀浦印刷厂
成品尺寸	185mm×260mm
印　　张	10.25
字　　数	220 千字
版　　次	2022 年 7 月第 1 版
印　　次	2022 年 7 月第 1 次印刷
印　　数	1— 2000 册
书　　号	ISBN 978-7-5504-5396-8
定　　价	35.00 元

▶▶ 内容提要

本教材以知识性和实用性为宗旨，将信息技术与现代教学媒体相结合，以普及现代教育技术的相关基本知识、提升教育技术应用能力为目的，对现代教育技术领域的基本概念与基本理论进行了全面阐述，对基本技能进行了示范性案例讲解。通过对本教材的学习，有助于读者深入理解现代教育技术领域的教育教学观念，并能够对教育技术的基本技能进行系统的学习；有助于读者对现代教育技术领域的最新发展动态进行了解；有助于读者与时俱进地领悟教学设计技术；有助于读者对现代教育相关的媒体技术、教学传播技术进一步掌握；有助于读者进一步提升课件开发技术；有助于读者对各种教学资源的处理与制作技术融会贯通，从而达到充分利用现代教育技术在辅助教学过程中的优势，以进一步提升教学效率。

本教材主要介绍了在各种数字化学习环境的制作过程中必须的处理与加工方法，包括最基础的文字、图片和更高阶的声音、视频与动画等。本教材针对相关软件的具体教学应用操作进行了讲解，共分6章，分别为文字资源的处理与制作、图片资源的处理与制作、声音资源的处理与制作、动画资源的处理与制作、视频资源的处理与制作、数字化教学资源集成。

本教材可以作为高等师范类学校的教材，也可以作为教师教育和职业培训的培训类教材，还可以作为各级各类教育工作者和管理者的重要参考资料。

▶▶前言

现代教育技术作为一门学科，来源于实践，应用强；既是各级师范专业学生的必修课程，与教育学、心理学、信息技术等课程相辅相成，也是教育部高教司规定的师资培训的主要内容之一。

提升教育技术是进一步深化我国教育教学改革的重要突破口，它的身影在教育领域里无处不在。具备现代教育技术的教学能力是师范生的必备技能，对现代教育技术的熟练应用也是当代教师的必备素质。教育技术不仅是培养终身学习型人才的必备手段，也是构建学习型社会的重要途径。为了提升师范生的信息技术应用水平，培养师范生更强的教学实践能力，要求师范生必须掌握现代教育技术领域的基本理论知识，熟练使用最新的现代教育技术，我们在原有教材的基础上进行了全面升级，编写了本教材，其目的是要进一步提升学生的信息素养，培养学生的创新能力。本教材要求学生在理解基本教学理论的基础上，掌握对各类教学资源的处理与制作方法，并能用系统的方法对各类教学资源按照教学设计的思路进行集成，形成完整的、可用性强的数字化教学资源，以培养学生运用现代教育技术来解决实际教学问题、提升教学效果的能力。

现代教育技术作为一门新兴的交叉性学科，有着非常广阔的市场和光明的发展前景，其研究领域宽广，研究内容也非常丰富。根据师范类人才的培养目标和专业特色，我们把师范专业大致分为文科类、理科类、艺体类。本教材作为系列教材之一，主要针对文科类学生的特征编写，介绍从教学资源的处理与制作到教学资源的集成过程中必须掌握的技能。第一章为文字资源的处理与制作，主要介绍了字体和符号及公式的处理、文字资源的获取方式等基本技能。第二章为图片资源的处理与制作，主要介绍了与图片有关的基本概念、颜色空间的构成和图片在教育教学中的应用、图片的获取方法与途径、图片的处理技术等内容。第三章为声音资源的处理与制作，主要介绍了声音的基本常识和常见的声音格式、声音资源在教育教学中的作用以及声音处理技术。第四章为动画资源的处理与制作，主要介绍了动画的基本原理、帧的概念、动画在教育教学实践过程中的典型应用以及二维动画设计与制作技术。第五章为视频资源的处理与制作，主要介绍了视频的基本概念、视频在教育教学中的应用以及视频处理软件——喀秋莎的基本操作技能。第六章为数字化教学资源集成，以 PowerPoint、Animate 和喀秋莎为例，介绍了把数字化多媒体素材整合集成为数字化教学资源的具体方法。

本教材具有以下显著特点：

（1）凸显应用性。根据师范教育的特色，在保证基本理论不落下的前提下，更侧重于实际操作和实际应用。教材以案例示范呈现技能型知识，具有很强的操作性。教材编写成员都承担了师范类公共课程的教学工作，进一步保证了教材的可操作性。本教材针对学科特性，适合多种灵活安排的教学场景，如理论与实践同步进行、理论和实践交替进行等，既能够有效避免理论教学的晦涩性，又能为学生提供大量实际操作机会，强化训练操作技能。

（2）突出针对性。本教材是面向广大文科类学生编写的，针对文科学生以后面临的工作环境和应用方向来介绍相关技能，聚焦于信息技术与相应的学科专业进行深度融合。

（3）本教材充分关注中小学师生的特点和需求，教学内容贴近中小学教学的需要，体现中小学的新课程改革和素质教育，并充分结合我国中小学教育改革发展的主题和新进展，关注未来的发展方向与趋势。

（4）每章的"内容提要"明确任务。本教材在编排上能够帮助教师备课，促进学生学习，使教师和学生明确教材要教些什么，要学些什么，教了些什么，学了些什么。另外，每章之前均设置了内容提要，明确了本章的主要内容，便于让教师在教学过程中抓住教学重点。每章后面均设有练习题，让学生用以复习、巩固和提高。

（5）本教材与微课视频密切联系，在教材的适当位置设有二维码引导，只需简单扫一扫即可迅速转到对应在线课堂，从而帮助师生充分利用碎片化时间进行备课、学习与复习。

本教材由王建军主编并负责统稿，唐前军负责校审。教材全体编写人员及分工如下：第 1 章由唐前军编写，第 2 章由田密娟编写，第 3 章和第 5 章由王建军编写，第 4 章由付蓉编写，第 6 章由王婕和付蓉共同编写。教材在编写过程中得到了汪红烨教授的全面指导，汪红烨教授还参与了校审工作。张艳、张波等为教材编写做了大量的资料规整工作。本教材的编写和出版得到了乐山师范学院教学部和教育科学学院的大力支持。本教材在编写中参考和引用了相关领域的著作和观点，在此对相关著者、专家、学者致以衷心的感谢！

本教材配套教学大纲、教学计划、教学课件、设计案例等电子资料，可以通过访问乐山师范学院官方网站的在线课程链接获得，也可以通过电子邮件 tangqianjun@lsnu.edu.cn 与我们联系获得。虽然我们尽力做好本教材的编写，但经验、水平有限，不足之处在所难免，恳请读者批评指正。

编者

2022 年 5 月

▶▶目录

1 文字资源的处理与制作

■**内容提要**

文字对于教学资源开发来说是不可或缺的信息表达形式。本章主要介绍文字的相关基础知识，以及文字在其他形式的数字化教育资源中的作用、使用形式、使用原则和在使用中的注意事项。根据教学资源教学性和艺术性的需要，本章最后一部分将介绍常用的文字处理技巧、相关的工具软件。

1.1 文字基础知识

文字是人类特有的符号，用以记录、表达和传递信息。现代文字大多是记录语言的工具。汉字是由表形文字（也称象形文字）进化成的表意文字，是一种二维文字。

1.1.1 字体

字体是文字的外在表现，即文字的风格，是文字的外部形态。在计算机、智能手机、平板电脑等智能终端设备中都预装了常用的字体库。在计算机的 Windows 操作系统中，预装的字体有 200 余种，包括中文、英文、日文、韩文等，其中，常用的中文字体包括宋体、楷书、隶书、仿宋体、黑体等，常用的英文字体包括 Arial、Calibri、Times New Roman、Helvetica、Centaur 等。

对于文字字体的设置，一般是先选中需要设置字体的文字，再选择相应的字体。对于中英文混排的文字，在 WPS Word 和 Office Word 中都是先选中所有的文字后，再统一地设置其中的汉字和英文字符字体。比如在 WPS Word 中，在字体属性设置面板中"中文字体（T）"下选择某一种字体就可以完成字体应用，如图 1-1 所示。

图 1-1　WPS Word 的字体属性设置面板

在图 1-1 中，通过“字符间距”选项卡可以设置文字的大小、水平位置的高低和字符间距的大小。在使用某些特殊符号时，它们的大小和水平位置的高低与普通字符存在较大差异，此时可以通过设置其大小和水平位置来匹配普通字符。在制作文字标题时，有时为了两端对齐上下两行标题，可以在图 1-1 中的“字符间距”选项卡中适当调整字符间距大小来实现。

在 Windows 操作系统中，字体文件都是安装在系统盘符下（通常是 C 盘）Windows\fonts 文件夹里。字体文件的扩展名有 ttf、fon、ttc、otf、font 等，其中最常见的扩展名是 ttf。字体文件的大小各不相同，从几十 KB 到几十 MB 不等，一般来说，西文字体较小，通常小于 1MB；中文字体较大，小的几 MB，大的二十多 MB。

1.1.2　符号

在教学资源开发中，特别是在不同学科专业中，都有各自的一套文字符号体系，因此在使用中经常会遇到一些符号，甚至是特殊符号。本小节所指的符号是特指那些能利用 WPS 或 MS Office 即可输入的符号，不是那些需要借助专业软件来录入的符号。

在 WPS 文字软件的"插入"菜单下有"符号"工具，在该面板中有一些常用的符号，如图 1-2 所示。利用该面板可以插入拉丁语符号、希腊文符号、各种货币符号、箭头、几何图形符号、汉语拼音、片假名符号等。

图 1-2　WPS 文字软件的符号面板

这些符号与普通文字相比，其单倍行距大于普通文字的行距。为了使行间距一致，在设置行间距时就不能使用行间距的倍数，而需要使用固定行距。

WPS 文字软件里面不仅可以插入数学符号和部分数学公式，还可以对汉字进行注音，以及设置这些拼音的字体、大小、位置和声调。拼音设置面板如图 1-3 所示。

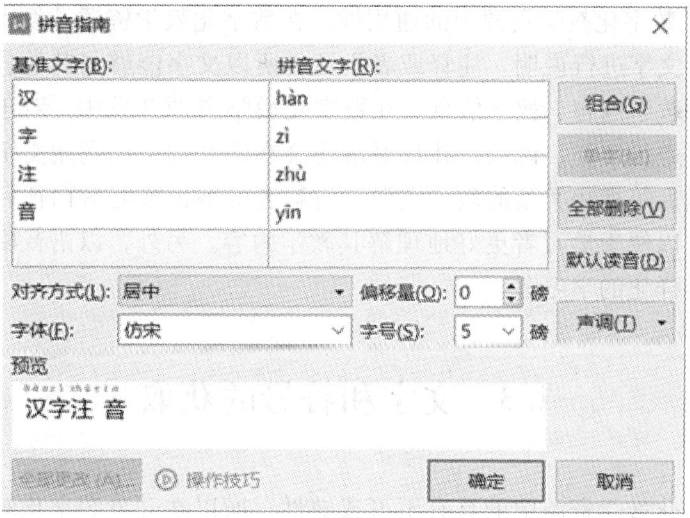

图 1-3　拼音设置面板

这里需要注意的是，对于多音字的注音，有时自动加注的拼音可能不正确，这时就需要手动设置和修改。

1.2 文字在教育教学中的作用

在数字化教学资源中，文字是教学内容呈现的主要形式，也是不可或缺的形式，它可以独立地作为教学资源，也可以配合图片、声音和视频出现在教学资料中。文字在教育教学中的作用如下：

（1）文字存储的便利性。文字素材占用存储空间小，便于存储，根据一个汉字占两个字节计算，1MB 的存储空间即可存储 50 多万个纯汉字字符，按照一页纸呈现 1 000 字计算，这些汉字印刷出来就有 500 多页。

（2）文字在数字化教学资源中的抽象性。从素材的抽象程度来看，文字是最抽象的、最不具体的素材之一，这样就使得文字便于专递、交流和沟通。比如，一个汉字其本质是一致的，不同的仅是大小、字体、颜色等外显属性；而图片、声音却难以有文字这样实质的一致性。文字的抽象性，将带给读者充分的想象空间，而其他的媒体形式，如图片、视频等，由于具体地呈现了信息，则限制了读者的想象力。

（3）文字在数字化教学资源中的准确性。数字化的教学资源中，利用文字的概括性可以表述概念、定理等；在表达一些复杂的、抽象的关系时，同样需要利用文字来表述。文字能准确地表述信息，其他多媒体形式难以做到这一点。在对各种形式的数字化教学资源进行比对时，也只能对文字进行准确的比对，并做出准确的判断。

（4）文字在数字化教学资源中的概括性。在对数字化的教学内容进行归纳时，通常都是利用文字对相关内容进行概括性归纳。

（5）文字在数字化教学资源中的通用性。在数字化教学资源开发中，其他的媒体形式往往都需要文字进行说明、注释或者批注，所以文字能够与其他各种媒体形式组合以更好地呈现教学内容、教学信息。在数字化教学资源开发中，对于图片素材，往往需要配合文字进行解释、说明，并且通常还会在图片的下面利用文字对图片进行标注说明。对于微课等视频类型的教学资源，讲解者的解说或者旁白往往都需要在视频下方配上字幕，以便于学习者更好地理解其教学内容。另外，以语音配合字幕的形式也能满足更加多样化的学习者。

1.3 文字和符号的获取

文字在数字化教学资源中的具有不可或缺性，所以在开发数字化教学资源时总是会存在获取文字这样一个必经阶段。文字的获取方法有直接输入、光学识别输入、语音输入等方式。本节所指的符号是特指不同学科的专用符号，如物理和化学公式、音乐和生物符号等。

1.3.1 直接输入

直接输入法是获取文字素材最常用的方法，需要用到的软件工具也是最少的，在操作上也是最为简单、最为直接的。直接输入时，一般利用键盘输入，也可以采用专门的工具手写输入。

其中，利用键盘输入是较为高效的，并且准确率是最高的，专业打字员的录入速度和正常语速相当。利用键盘的敲击来输入汉字时，要求用户使用某一种输入法。输入法可以分为字形输入法和拼音输入法。在日常工作和生活中，大多数用户使用的是拼音输入法，Windows 系列操作系统集成的汉字输入法是“微软拼音”，而更多的用户都会安装另外的输入法，如 QQ 输入法、搜狗输入法、百度输入法等。

汉字的同音字较多，导致拼音输入时会出现很多的重码字，在录入过程中需要输入拼音后再进一步选择相应的汉字，这给拼音输入带来了很大的不便，大大降低了录入的速度。基于此，为了进一步提高录入汉字的速度，专业的打字员会选择使用字形输入法，如五笔字输入法。

一般的输入法都提供了手写输入，这弥补了对拼音存在困难的用户，也为在利用拼音输入时遇到个别生僻字不知道读音时提供了录入的另外一条途径。但书写输入的速度慢、错误率高，在输入时需要字迹工整。手写的工具可以是鼠标、手写板和电子笔。鼠标是在缺少其他输入工具的情况下不得已而采用的工具，只能用于少量文字的输入。专门的手写板通常是通过 USB 接口与电脑主机相连，安装好驱动后，配合专用笔即可手写输入。

1.3.2 光学识别输入

通过光学字符识别（Optical Character Recognition，简称 OCR）软件来识别的汉字须为印刷体或者电子版汉字，光学识别工具软件难以识别手写的汉字。光学识别的方式包括通过扫描仪的硬件方式和通过专门的软件工具的软件方式。

如果是打印出来的纸质版的汉字需要通过光学识别为数字化汉字，可以借助扫描仪等工具。扫描仪的光学识别属于硬件工具的光学识别，识别率高，对于宋体、楷体等常用字体的纸质汉字，其识别率接近 100%。在操作时，把需要识别的文字纸面向下平放在扫描板上，并盖好盖板，识别出来的文字会自动传输到扫描仪相连的计算机上，并保存在默认路径下的写字板中。

对于一些 PDF 格式或者图片格式的电子版字符，可以通过软件的形式达到光学识别的目的。这可以借助于专门的软件，如转易侠扫描王、闪电图片文字识别软件、风云文字识别、迅捷文字识别等 OCR 软件；也有自带光学识别功能的软件，如社交软件腾讯 QQ 和一些常见的翻译软件。

专门的 OCR 软件功能全面、强大，能够批量识别文字，以及识别各种不同格式的文字，甚至包括手写的文字。图 1-4 为迅捷 OCR 文字识别软件主界面。

图 1-4　迅捷 OCR 文字识别软件主界面

新版的腾讯 QQ 的聊天窗口也增加了文字识别工具，我们可以使用“屏幕识图”命令来识别文字，如图 1-5 所示。一旦在左窗格中选定了识别的区域，QQ 就能迅速识别出对应的文字并呈现在右窗格中，如图 1-6 所示。

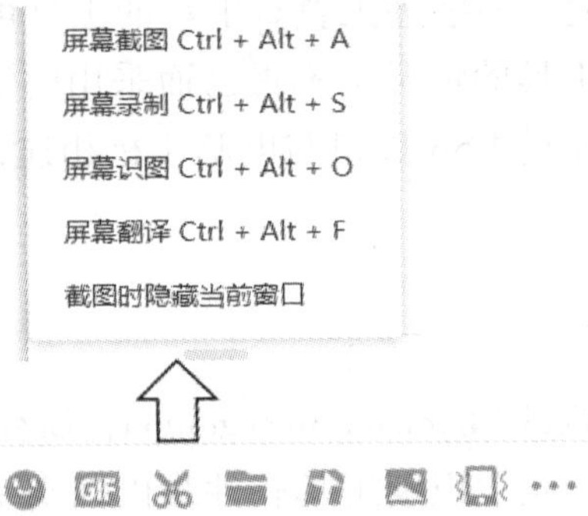

图 1-5　腾讯 QQ “屏幕识图”菜单

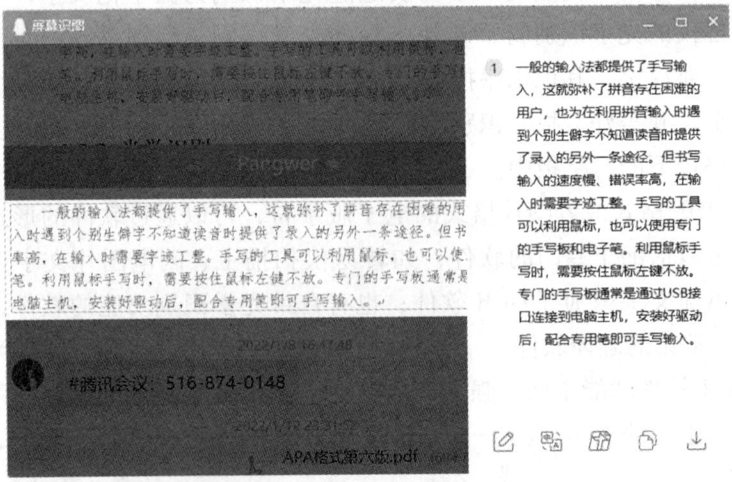

图 1-6　腾讯 QQ 文字识别窗口

1.3.3 语音输入

语音识别技术伴随着人工智能的发展越来越成熟，它以极快的识别速度和极高的识别准确率而广受欢迎。进入 21 世纪以来，语音识别技术的研究取得了前所未有的成果，其也逐步从实验走向实际应用。语音输入为文字输入提供了一种全新的途径，只需要对着声音采集设备说话即可完成文字输入。

主流的社交软件都支持语音输入，如微信、QQ 等都支持把语音转成文字。还有一些专业的语音输入软件，如科大讯飞语音合成系统、蓝光语音助手、is 语音、爱秀语音等可以适应国内多种方言、多种口音，如果使用者对语音输入软件进行个性化的训练和设置，会使得语音的识别准确率更高。

1.3.4 符号的输入

不同的学科大多都有自己的符号系统，下面就常见的学科符号输入做一些简单介绍。

语文学科中特有的符号就是汉语拼音，主流的输入法可以输入汉语拼音，WPS 文字软件可以输入拼音符号，也可以为输入的汉字加注拼音。如利用搜狗输入法的“拼音注释”功能输入拼音：首先单击输入法提示栏中的工具箱，其次单击其中的“符号大全”，最后单击“拼音/注音”即可打开拼音面板，如图 1-7 和图 1-8 所示。

图 1-7 搜狗输入法工具箱

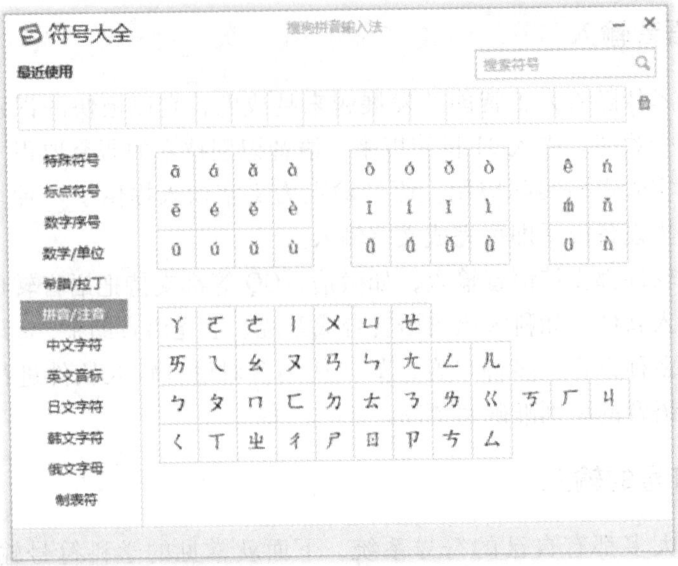

图 1-8　搜狗输入法的拼音功能

在 WPS 文字软件中，可以轻松完成对汉字的注音：首先选中要加注拼音的汉字（注意汉字不宜选择太多），在“开始”菜单的工具面板中单击“拼音指南”按钮，在弹出的对话框中简单设置或直接确定就可以完成汉字的注音。如果要单独输入拼音，可以在拼音指南中完成后复制出来，还可以在其“符号”对话框中选择“语文”选项卡，即可出现汉语拼音，如图 1-9 所示（注意不是所有版本均有拼音符号）。

图 1-9　WPS 文字软件中的拼音符号

在图 1-9 中还可以选择“数学”“英语”“物理”和“化学”等学科，可以利用该面板输入相应学科中的一些专用符号。

如果要输入复杂的数学公式、数学式等，可以使用 WPS 文字软件中的公式编辑器来完成。单击“插入”菜单下的“插入公式”命令，即在出现的公式编辑器窗口中输入复杂的数学公式、数学式等，如图 1-10 所示。

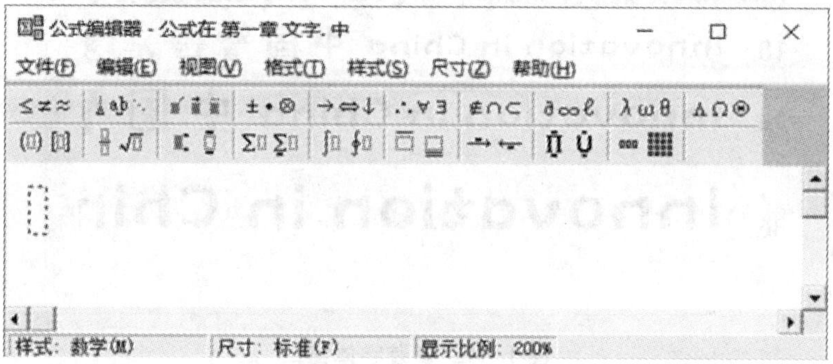

图 1-10　公式编辑器

对于化学学科中的化学方程式等，可以使用 ChemOffice 等专业软件来完成。

如果要输入音乐曲谱中的音乐专用符号，可以使用音乐学学科专用工具软件 JPword 来完成。

1.4　字体的处理

在数字化教学资源开发中，常常会用到一些特殊字体。安装了这些特殊字体的计算机会按原样显示这些文字，但是如果计算机上没有安装这些特殊字体，这些文字将会以“宋体”字体显示出来。那么，如何做好字体的移植与安装呢？

1.4.1　字体的安装

字体在计算机中也是一种文件，在第一节中已经介绍过了，这里不再赘述。对于一些特殊的字体，系统往往不具备，这就需要到互联网上下载所需的字体文件。首先从网上下载字体安装包，下载后并解压，复制字体文件（扩展名通常是 ttf）并粘贴到系统盘符下 Windows \ fonts \ 文件夹中，即完成了字体的安装。有的操作系统可以直接双击字体文件，在打开的字体文件窗口中单击“安装”按钮来完成字体安装，如图 1-11 所示。对于系统能够自动识别的字体文件，往往可以用鼠标右键单击这些字体文件，在弹出的右键菜单中单击“安装”或“导入”按钮来完成新字体的安装。

图 1–11　安装字体窗口

如果需要用到多种字体，采用上述方法就比较耗时耗力，此时，可以采用专门的字体软件来简化操作。比如，可以使用“字体管家”来安装字体，如图 1–12 所示。

图 1–12　字体管家

在字体管家软件窗口中，可以通过右侧的选项卡快速找到所需要的字体，再单击字体右侧的“一键安装”按钮即可完成安装。当某种字体安装好后，该字体后的“一键安装”按钮会自动变为“卸载”按钮。

有时在教学资源开发时，只是在个别地方使用了特殊字体，而开发和使用该教学资源的计算机并不是同一台计算机，这就涉及字体的移植问题。当然，我们可以按照上面的方法在目标计算机上安装所需的字体。但有时不便在目标计算机上安装新的字体，此时，我们可以考虑把字转换为图片格式或者是 PDF 格式，这样就可以把字体字形固化下来，从而在其他计算机上也能正常显示了。如在“WPS 演示文稿”软件中，选中目标文字，在右键菜单中单击“另存为图片”选项，在弹出的窗口中设置图片保存格式为“png”，然后删除文字，把刚才保存好的图片插入当前位置。这样，无论目标电脑上是否安装了相应字体，该演示文稿中的字体都不会发生变化。

除了上述把文字保存为图片的方法，还可以把整个演示文稿保存为 PDF 格式，这样文字的字体也不会发生改变，但是演示文稿的动画效果就不复存在了。

1.4.2 标题文字的处理

在数字化教学资源的开发过程中，通常都需要对标题文字做一些美化处理。在利用“WPS 演示文稿”制作课件时，可以使用该软件自带的艺术字效果来制作标题文字，如图 1-13 所示。

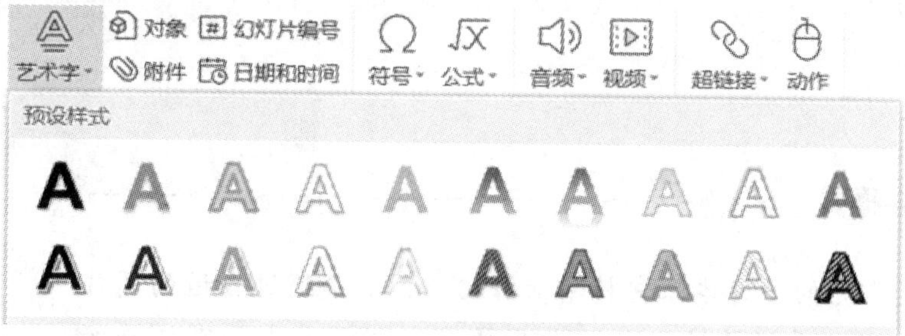

图 1-13　艺术字效果

如果要对标题文字做更加细致和精美的处理，还可以借助于专业的图片处理软件 Photoshop（其制作方法详见后续章节）。

思考与练习

1. 在多媒体教学资源开发中，文字素材的作用表现在哪些方面？

2. 在开发数字化教学资源或者课件制作中，为了实现文字字体在其他显示终端上正常显示，你有哪些解决方案和措施？

2 图片资源的处理与制作

■内容提要

图片是常见的多媒体课堂教学资源之一，教师通过合适的图片呈现能优化课堂学习情境，激活学生感官，调动学生已有认知经验，从而促进学生学习。本章主要介绍图片的基础知识、图片在教学中的应用以及教学中常用的图片处理技术。

2.1 图片基础知识

2.1.1 基本概念

图是通过绘画技术表现出来的抽象化作品，是一种有形式的事物，通常是指用点、线以及文字和数字等特殊符号来描绘事物外部物理特征的一种表现形式。随着计算机和影像技术的发展，图的来源不仅是绘制，还可以通过相机、电脑产生。

图片处理中需要了解以下术语。

2.1.1.1 像素

一般来说，我们见到的图片都是位图格式，即图片由一个个小点聚集而成。这个构成图片的小点就是像素点，所以说像素是构成图片的最小单位，是图片的基本元素。将图片放大到一定的比例后，会发现图片的颗粒非常明显，可以看到构成图片的每个像素自身的颜色，如图 2-1 与图 2-2 所示。

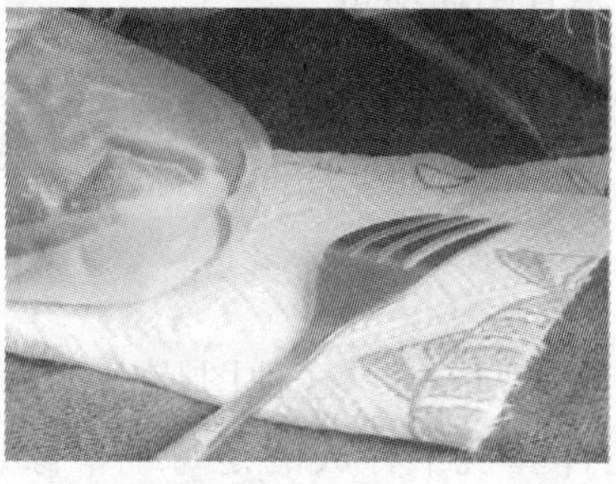

图 2-1　原图

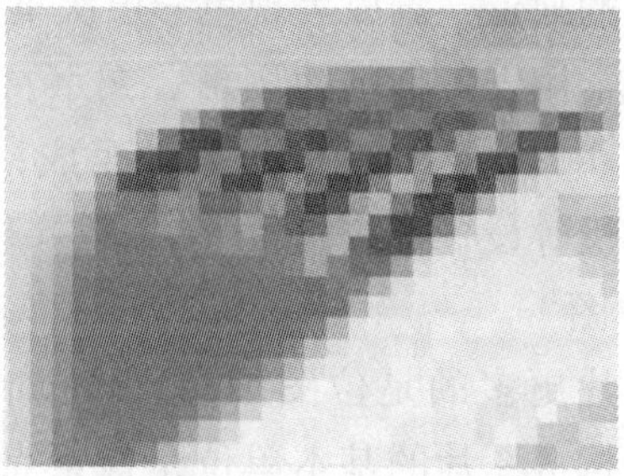

图 2-2　放大后的局部效果

2.1.1.2　图片分辨率

图片分辨率是指图片中存储的信息量，简单来说，就是指一张数码图片由多少个像素点构成，如 800 万像素的图片就是指构成图片的像素点有 800 万个。我们看到更多的分辨率描述不是图片的总像素个数，而是用构成图片的行列矩阵来表达，如 1600×1200 是表明图片由 1600 列和 1200 行构成，行列交叉点就是一个像素点。该值越大，图片的细节表现得越充分，同时图片文件的体积也会越大，所占用的磁盘空间也会越大，如果通过网络传输，给网络带宽造成的压力也会增大。

2.1.1.3　矢量图与位图

计算机中显示的图片从画面的构成原理来划分，可以分成矢量图和位图两种基本类型。

（1）矢量图

矢量图最明显的特征是清晰。矢量图无限放大后依然清晰，不会看到一个个像素点，因为矢量图在计算机中采用基于数学方程的图形对象来表示图像。简而言之，这种图像在计算机中存放的是图片的绘制方法而不是像素的颜色，每一次显示都是电脑根据绘制方法，结合需要呈现的图片大小临时绘制出来的。所以，它是按需绘制，自然就不会模糊了。

矢量图的优点：图像文件的体积小，不会因为图片清晰而占用太多的存储空间，图像记录的是线条和图块信息，图像的构成过于复杂才可能导致文件变大一点；图像不存在像素和分辨率的概念；对图像进行任意缩放、旋转或变形操作时，不会产生锯齿效果（如图 2-3 所示）；可以在任意输出设备上进行高分辨率打印输出。

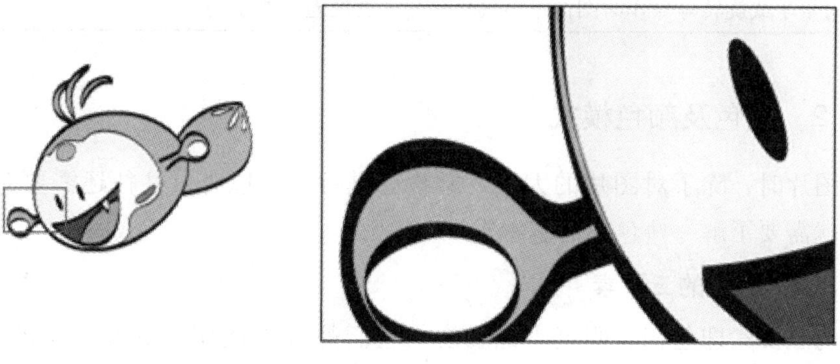

图 2-3　矢量图（100%放大至 800%）

矢量图的缺点：难以表现色彩层次丰富的逼真图像效果。

矢量图常用于各种平面图形、文字、标志和版式的设计。DWG、DXF、CDR 等为矢量图格式。矢量图只能通过软件生成，如 Adobe Illustrator、AutoCAD、CoreDraw 等，不能依靠相机等设备直接产生。

（2）位图

数字图片更多的是位图图像（bitmap）的表现形式，这种图片也称为点阵图像。如前所述，构成图片的基本单位是像素点，在计算机中存放的是每一个像素点对应的颜色代码。在放大过程中，构成图片的像素不会增加，增加的是像素点之间的距离。所以在放大位图的过程中，构成画面的像素点就越来越明显，继续放大就显得模糊，甚至类似马赛克。

位图其实就是由像素点的排列来构成图像的整体效果，由于计算机保存的是每个像素点自身的颜色信息，当我们编辑位图图片时，实际上就是修改对应像素点的颜色值，包括该像素点的色相、饱和度、明度等，以达到修改图像显示结果的目的。由于技术的处理能力增强，可以用更多位数的二进制代码存储一个像素点的颜色信息，即一个像素点能够呈现非常复杂的颜色。这对于表现丰富的色彩的过渡是非常有利的，所以说数码图片能够更逼真、更完美地呈现自然界的颜色变化。当然，为了呈现更丰富的画面，需要记录的每一个像素点的二进制位数也就越多，在高分辨率下，一张图片的像素点也更多，故而文件的体积就会显著增加，消耗的存储空间也更大。

常用的位图处理软件有光影魔术手、Photoshop（同时也包含矢量功能）、美图秀秀和 ACDsee 等。使用数码相机拍摄的照片、扫描仪扫描获得的图像以及计算机截屏获得的图像等都属于位图，常用的格式有 JPG、TIF、BMP、GIF 等。位图和矢量图比较如表 2-1 所示。

表 2-1　位图与矢量图比较

图像类型	组成	优点	缺点	常用制作工具
位图	像素	色彩表现丰富，可逼真表现自然界各类景物	缩放和旋转时易失真，文件容量较大	Photoshop、Windows 画图软件等
矢量图	数学向量	文件容量较小，在进行放大、缩小或旋转等操作时图像不会失真	色彩表现力较弱，无法表现逼真的景物	Flash、CoreDraw 等

2.1.2　颜色及颜色模式

处理图片时，除了对图片的大小、形状等进行加工以外，往往还需要对颜色进行处理，这就需要了解一些色彩的基本常识。

2.1.2.1　色彩的三要素

色彩的三要素即色相、明度、饱和度。它们是人类使用和感知色彩的主要依据，任何一种色彩都包含这三方面。

（1）色相

色相也叫色调，是人类区分不同颜色的最直接的方式，如红、橙、黄、绿、青、蓝、紫等。色相的不同表现是由光的波长决定的。它是指这些不同波长的色的情况，如波长最长的是红色，最短的是紫色。

（2）明度

明度是指色彩的明暗程度，通常用反光率表示明度大小。反光率越高，则明度越高，颜色就越亮。例如，在红、橙、黄、绿四种色相中，黄色明度最高。另外，同一色相会因受光强弱的不同而产生不同的明度。

（3）饱和度

饱和度也叫纯度、色度或者彩度，是指反映图片的颜色浓烈、鲜艳程度，能够表达色彩中包含了多少比例的其他杂色。

2.1.2.2 颜色模式

颜色模式也叫色彩模式，是一种在电脑中记录和表达图像颜色的方式。颜色模式可以分为 RGB 颜色模式、CMYK 颜色模式、HSB 颜色模式、Lab 颜色模式、位图颜色模式、灰度颜色模式、索引颜色模式、双色调颜色模式和多通道颜色模式。

（1）RGB 颜色模式

虽然每种颜色在色相、明度与饱和度的表现上有所不同，但是在处理颜色时并不需要将每一种频率的颜色都单独表示。自然界中所有的颜色都可以用红（R）、绿（G）、蓝（B）三种基本颜色按不同比例组合而获得，这就是人们常说的三基色原理。在计算机中，也是采用三基色的混合原理呈现不同色彩的。

作为图像处理的专业代表——Photoshop 也是用 RGB 三个基本的颜色通道来表达图像颜色构成的。这三个颜色通道分别为红色通道、绿色通道和蓝色通道。其中每个通道使用 8 位或 16 位或 24 位来表示颜色信息，即构成了 8 位或 16 位或 24 位的色彩深度，该信息由 $0\sim2^{8}$或 2^{16}或 2^{24}的范围值来表示。这三个通道通过组合，可以产生数量惊人的颜色种类，体现不同的颜色，表达出近乎自然界的丰富色彩。Photoshop 帮助用户利用不同通道的不同数字对 RGB 图像实现个性化的色彩处理。表 2-2 为几种基本的特殊颜色值对应表。

表 2-2　几种基本的特殊颜色值对应表

R	G	B	综合颜色
255	0	0	红色
0	255	0	绿色
0	0	255	蓝色
0	0	0	黑色
255	255	255	白色

（2）CMYK 颜色模式

RGB 颜色模式的图片一般用于屏幕显示。CMYK 颜色模式的图片一般用于印刷与打印，分别是指青（cyan）、品红（magenta）、黄（yellow）和黑（black）。

CMYK 和 RGB 两种模式在本质上基本相同，只是在形成综合色彩方面存在一定的差异。RGB 颜色模式采用加色的方法表达综合颜色，如 RGB 颜色模式各通道为 255，叠加后就是白色的色空间代码，这一点在电脑上的图片处理软件中非常容易得到验证。而 CMYK 颜色模式采用减色的方法形成综合颜色，如青色（C）、品红（M）和黄色（Y）的色素在合成后可以吸收所有光线并产生黑色。

（3）HSB 颜色模式

HSB 颜色模式是从人眼对光的感觉出发，以色相、饱和度和亮度三个特征来描述颜色的基本特征，是一种直接将自然颜色转换为数字色彩的方法。我们在处理图片时如果要进行色彩校正，就可以用色相/饱和度命令来完成。

（4）Lab 颜色模式

Lab 颜色模式中的 L 向量表示某个像素点的亮度值，取值范围为［0，100］，表示从纯黑到纯白的不同情况；a 向量表示从红色到绿色之间的某个过渡色，取值范围为［120，−120］；b 向量表示从黄色到蓝色的某个过渡色，取值范围为［120，−120］。可以看出，Lab 是 RGB 和 CMYK 的一个过渡桥梁。图 2-4 为 Lab 颜色空间的图示，它由颜色轴所构成的平面上的环形线来表示色的变化，其中径向表示色饱和度的变化，自内向外饱和度逐渐增高；圆周方向表示色调的变化，每个圆周形成一个色环；而不同的发光率表示不同的亮度并对应不同环形颜色变化线。Lab 颜色模式是一种具有“独立于设备”的颜色模式，由 RGB 三基色转换而来。

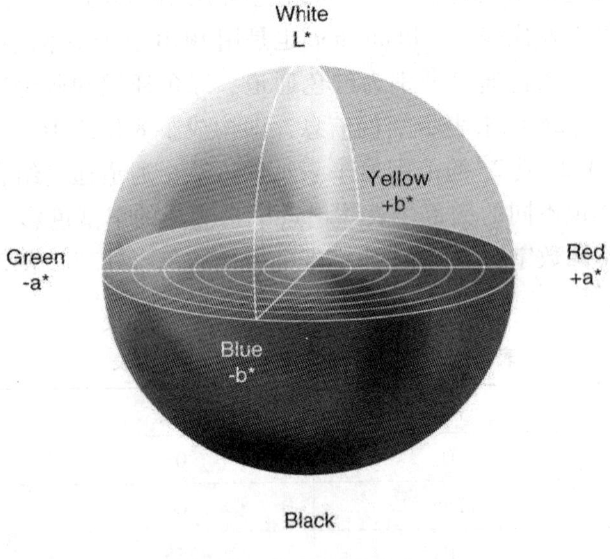

图 2-4　Lab 颜色空间

（5）位图颜色模式

这里所说的位图颜色模式不是指常说的点阵模式，而是只用黑、白两种基本颜色来表达图像综合色彩的模式，这种模式只能呈现黑白图像。这种模式简单，包含的信息量非常少，缺少更多的细节，因而图像文件也非常小。

由于位图颜色模式只用黑、白两色来记录像素的颜色，因此如果把 RGB 等丰富色彩的图片转为位图颜色模式就会丢失图像细节，效果大打折扣。为了减少损失，Photoshop 提供了多种算法来模拟这些丢失的细节以提高图像质量。相同分辨率的图片，位图颜色模式的图像体积是最小的，是灰度颜色模式对应的 1/7 和 RGB 颜色模式对应的 1/22。

在 Photoshop 中只接收灰度颜色模式向位图颜色模式的转化，所以一般的彩色模式图像如果要转化为位图颜色模式，就需要利用灰度颜色模式来实现过渡。

（6）灰度颜色模式

灰度颜色模式没有 RGB 颜色模式的颜色丰富，但相比位图颜色模式还是有显著的优势。这种模式用一个字节来表示某个像素的颜色，因此可以表达 256 级不同灰度的颜色，这就可以呈现图像的很多平滑细节，过渡更为自然。灰度颜色模式的每个像素点的颜色值代表的是一个从 0（黑色）到 255（白色）的某一个亮度值。用于打印、印刷的灰度值则是用百分比来表示黑色油墨覆盖程度，也表达了不同灰度效果。

（7）索引颜色模式

索引颜色模式在网络上和动画中经常使用，由于呈现的色彩简单，不适合于印刷。索引颜色的图像包含一个 256 色的颜色对照表。如果原图像中的颜色不能在表格中完全匹配，则自动选择一个相近的颜色来替代这个颜色，这就可以使得文件的体积减小。颜色表可以在图像转换的过程中建立，也可以在索引生成后再修改。

（8）双色调颜色模式

双色调颜色模式用于印刷系统。它通过 2~4 种基本的彩色油墨来混合图像的颜色，根据情况可以选 2 种颜色、3 种颜色和 4 种颜色来混合。在电脑中，如果要将彩色图像转换为双色调颜色模式，也需要借助灰度颜色模式。使用双色调颜色模式是为了用最少的颜色表达尽量多的颜色层次，最终达到节约印刷成本的目的，因为在印刷时增加一种色调需要很高的经济成本。双色调效果如图 2-5 所示。

图 2-5　双色调效果

（9）多通道颜色模式

多通道颜色模式对有特殊要求的图像非常有用。例如，如果图像中只使用了一两种或两三种颜色，那么使用多通道颜色模式可以减少印刷成本并保证图像颜色的正确输出。

在图片设计中应用较多的是RGB和CMYK两种颜色模式，如果图像只在电脑上显示，则可使用RGB颜色模式，这样可以得到较广的色域；如果图像需要打印或者印刷，则必须使用CMYK颜色模式，这样才可确保印刷品颜色与设计时一致。当我们开始制作新图像的时候，在创建新文件时，首先就要根据图片的实际用途确定颜色模式。

2.1.2.3 同类色、临近色、类似色与互补色

（1）同类色

同类色是指色相性质相同，但色度（饱和度）有深浅之分的颜色。一般是色相环（如图2-6所示）中15°夹角内的颜色，如深红与浅红。

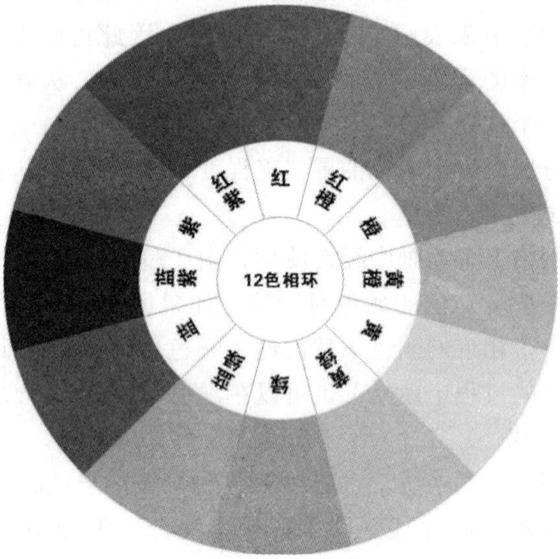

图2-6　12色相环

（2）邻近色

邻近色一般是指色相环中相距60度，或者相隔三个位置以内的两种颜色。邻近色色相彼此近似，冷暖性质一致，色调统一和谐、感情特性一致，如红色与黄橙色、蓝色与黄绿色等。

（3）类似色

类似色是指在色相环中90度角内相邻近或者色相环上相邻的三种颜色。例如，红-红橙-橙、黄-黄绿-绿、青-青紫-紫等均为类似色。类似色由于色相对比不强，给人以色感平静、调和的感觉，因此在配色中常使用。

（4）互补色

互补色又称对比色，是指在色相环中成180度对称的两种颜色。例如，色相环中的红色-绿色、黄色-紫色、橙黄-蓝紫就是对比色。对比色具有强烈的排斥感，若同时出现，会调出浑浊感。

互补色具有非常强烈的对比度，尤其使用高饱和度互补色可以创建冲击性很强的震撼效果。因而在作品配色时，如果能够巧妙地使用互补色，不仅能加强色彩之间的对比，拉开距离感，而且还能表现出特殊的视觉对比与平衡效果。

2.1.3 图片格式

图片格式通常是指图像文件在存放时的格式。由于记录图片信息方式（位图或矢量图）的不同或者压缩图片时数据方式的不同，图片文件分为多种格式，每一种格式的文件均有相应扩展名，常见图片格式包括 JPEG、BMP、GIF、PNG、TIFF、TGA、EPS、DXF、PSD 等。

（1）JPEG 格式

JPEG 全称为 Joint Photographic Experts Group，这种格式几乎可以说人人皆知，应用广泛。JPEG 格式通过一种特殊而先进的有损压缩算法对图片进行压缩，能够将不容易被人眼察觉的像素删除，虽然从本质上说丢失了画面的部分像素，但是不易被察觉，所以给人的体验感很好。JPEG 格式可获得极高的压缩比（可达到 2∶1 甚至 40∶1），正是如此，压缩后的 JPEG 格式文件尺寸较小，占用磁盘空间小，网络传输的速度快，成为互联网上应用最广泛的图片格式之一。

（2）BMP 格式

BMP 是 Bitmap 的简称。BMP 图像文件格式与硬件设备无关，是 Windows 系统下的标准位图格式，在很多软件中被广泛应用。BMP 采用位映射存储格式，除了图像深度可选以外，不采用其他任何压缩，因此这种图片文件所占用的空间很大。BMP 格式文件的图像深度可选 1bit、4bit、8bit 及 24bit。BMP 格式文件存储数据时，图像扫描方式是按从左至右、从下到上的顺序。

（3）GIF 格式

GIF 全称为 Graphics Interchange Format。GIF 格式的特点是既可以是静态的图片，也可以是动态的图片，而且支持透明背景图像，适用于多种操作系统，生成文件很小，广泛应用于网络环境。但是其色域不广，色彩不够丰富，只支持 256 种颜色。

（4）PNG 格式

PNG 格式与 JPG 格式类似，更多应用于网页，其压缩比高于 GIF 格式，支持图像透明，可以利用 Alpha 通道调节图像的透明度。PNG 格式是 Fireworks 的源文件。

（5）TIFF 格式

TIFF 格式的特点是图像格式复杂、存储信息多，是 Mac 系统中广泛使用的图像格式。正因为 TIFF 格式存储的图像细微层次的信息非常多，所以图像的质量较高，常用于印刷。

（6）TGA 格式

TGA 格式的结构比较简单，属于一种图形、图像数据的通用格式。它在多媒体领域有着很大影响，做影视编辑时经常使用，如 3DS MAX 输出 TGA 图片序列导入 AE 里面进行后期编辑。

（7）EPS 格式

苹果 Mac 机较多使用 EPS 格式。它是用 PostScript 语言描述的一种 ASCII 码文件格式，主要用于排版、打印等输出工作。

（8）DXF 格式

DXF 格式是图纸交换格式，扩展名是.dxf，是 AutoCAD 中的图形文件格式。它以 ASCII 方式储存图形，在表现图形的大小方面十分精确，可被 CorelDraw 和 3DS 等大型软件调用编辑。

（9）PSD 格式

PSD 格式是 Photoshop 的专用图像格式，可以保存图片的完整信息，包括图片处理过程中产生的图层、通道、文字等。PSD 格式的图像文件一般较大。

2.2 图片在教育教学中的应用

2.2.1 图片的作用

图片是数字资源的基本构成元素之一。图片文件能够帮助分析教材、解释概念或者现象，在课堂教学中发挥着重要的作用，主要表现在以下三方面。

（1）形象、直观地表达信息

与文字相比较，图片更加直观、形象、生动。如图 2-7 所示的情景案例，课堂中合理使用图片能够直接再现事物本身，直观具体地表达教学内容，从而激发学生的学习热情，提高学生学习的积极性与主动性。

（2）有助于简化信息

教学中复杂的过程描述可以借助图片呈现，提炼出信息要点，从而化繁为简，使学生快速抓住问题要点，提高学习效率，如图 2-8 所示案例。

图 2-7　情景案例

图 2-8　案例

（3）启发学生思维，突破教学重难点

教师根据课堂学习主题的特点适当地选择图片资源有助于优化教学情境，充分调动学生的已有认知和丰富的生活经验，启发学生的大脑思维和想象力，从而突破教学重难点，促进课程的目标达成。例如，学习《圆明园的毁灭》这篇课文时，为了突破教学重点，使学生了解圆明园的辉煌和它的毁灭，从而让学生记住这一事件，增强学生振兴中华的责任感，可以选择圆明园被毁灭之前壮观的图片、被毁灭之后满目疮痍的图片以及八国联军破坏圆明园时的图片，通过对比，在学生的心理产生强烈的冲击，从而实现教学目标。

2.2.2 图片的选择

教学活动中，图片、图形的合理应用对课堂教学效果的提升发挥着至关重要的作用，因此必须注重图片素材的选取。图片选取要遵循以下原则：

第一，要注意选择“有效”的图片。所选择的图片与所讲授的内容要贴切，这样可以起到深化主题的作用。例如，教学的主题是“看云识天气”，那么图片的选取就应该围绕这一主题，可以选择积雨云、卷积云、卷层云等图片，这样学习者在学习中就能从图中立即了解本课的主题。

第二，要切合教学对象。教学资源使用的目的是提高学生学习效率，所以图片的选择要从学生的角度出发，不能只凭创作者个人喜好来挑选图片。例如，教学对象为小学生时，可以选择卡通图片。

第三，图片在精不在多。图片选择在质不在量，太多的图片会令学生眼花缭乱，分散注意力，因此要选择典型的图片，能说明问题的图片。

第四，要选择清楚的图片。选择图片时要注重图片的分辨率，尤其是针对作为承载信息的图片，要保证其清晰度，切忌严重的锯齿出现。

选择图片时，还要考虑使用目的是什么。作为背景的图片，一般选择画面信息简洁、与课程主题在意境上具有一致性的图片；如果是承载教学信息的图片，一定要注意选择典型的，画面冗余信息少且画质高的图片。

2.3 图片处理技术

2.3.1 图形资源的获取

2.3.1.1 网络下载

网络下载是常用的图片获取方式。网上图片的获取很简单，可以采用右键另存的方式、截图方式、利用下载工具等多种方式完成图片的下载。因特网上有很多图片网站，如 http://www.nipic.com。此外，对于打包的图片，下载后需要解压才能获得图片文件。

2.3.1.2 键盘抓图

利用键盘上的 PrintScreen 键可以抓取屏幕图片，操作步骤如下：

①打开要截图的窗口，如果连同窗口及桌面背景一起截图，直接按下 PrintScreen 键即可。

②按下 PrintScreen 键完成截图，此时截取的图片一般暂存在剪贴板中。

③打开一个可以显示图片的软件，如 PowerPoint，在工作区中按组合键 Ctrl+V，即可将图片粘贴到 PowerPoint 中。

④如果只是截取一个活动窗口而无须整个屏幕，截图时要同时按下 Alt+PrintScreen 键。其他操作步骤与前面相同。

2.3.1.3 软件截图

截图软件比较多，如 Windows 自带的截图工具、QQ 等。软件截图比较简单，这里不再赘述。

此外，也可以通过手机拍摄、扫描仪等获取数字图片。

2.3.2 常见的图片处理软件

2.3.2.1 Adobe 系列软件

Adobe 系列软件中最具代表性的是 Photoshop（简称 PS），这是一款最为专业的图片处理软件之一，我们利用该软件可以轻松完成从图片获取到处理，最终输出想要的图片结果的全过程操作。它能够外挂扫描仪、相机等图像输入设备和打印机、绘图仪等输出设备，还有多种图像格式和色彩模式、强大的多种选取功能以及对图像进行丰富的编辑（如移动、复制、粘贴、剪切、清除等）操作。可以说，在图片处理方面，只要你能想到的操作和效果，Adobe 系列软件尤其是 PS 都能帮助你实现。其主要功能如下：

①调整图像的色调和色彩。

②Adobe 系列中特有的图层、通道和蒙版功能。

③Photoshop 与 Image Ready 完美配合，可以帮助用户完成图像的快速制作，如制作网页动画文件等。

④Adobe Photoshop 是位图处理的不二选择，利用它可以真实地再现世界的丰富色彩。

由于其定位的专业性，Adobe 系列软件在具有功能强大的特点的同时，操作也较专业。目前，常见类型有 Adobe Photoshop CS6、Adobe Photoshop CS6 Extended、Adobe Photoshop Lightroom 2，等等。Photoshop 主界面如图 2-9 所示。

图 2-9 Photoshop 主界面

2.3.2.2 美图秀秀

美图秀秀是厦门美图科技有限公司于 2008 年自主研发的影像处理软件，现在已经推出了很多版本。这是一款免费的影像处理软件，其独有的图片特效、美容、拼图、场景、边框、饰品等功能，可以快速生成影楼级别的照片。同时，美图秀秀还支持一键分享至新浪微博等功能。美图秀秀软件包括 PC 版、iPhone 版、Android 版及网页版。目前，美图秀秀在各大软件平台高居图片类下载软件榜榜首。该软件的操作相对于 Photoshop 简单很多，专业指数也比较低，可以做一些初级的处理。美图秀秀主界面如图 2-10 所示。

图 2-10 美图秀秀主界面

2.3.2.3 光影魔术手

光影魔术手是一个对数码照片画质进行改善及效果处理的软件。它也是一款我国自主开发的图像处理软件，相对 PS 这种专业软件而言，光影魔术手就显得简单、易用，不需要任何专业的图像技术就可以制作出类似专业胶片摄影的魔幻般色彩效果。光影魔术手具有反转片效果和黑白效果以及数码补光与冲版排版等特殊效果，具备强大的批量处理功能。光影魔术手是图片后期处理不可或缺的软件，能够完成绝大部分图片后期处理工作，主要功能包括图片的画质处理、文字水印功能、数码暗房、拼图功能、边框等批处理功能。光影魔术手主界面如图 2-11 所示。

2.3.2.4 CorelDraw

CorelDraw 是 Corel 公司推出的矢量绘图软件，提供了矢量图形绘制、矢量动画、位图编辑和网页动画、网站制作、页面设计等多种功能。它包含两个绘图应用程序：一个用于矢量图及页面设计，另一个用于图像编辑。CorelDraw 广泛地应用于商标设计、标志制作、模型绘制、插图描画、排版及分色输出等诸多领域。CorelDraw 主界面如图 2-12 所示。

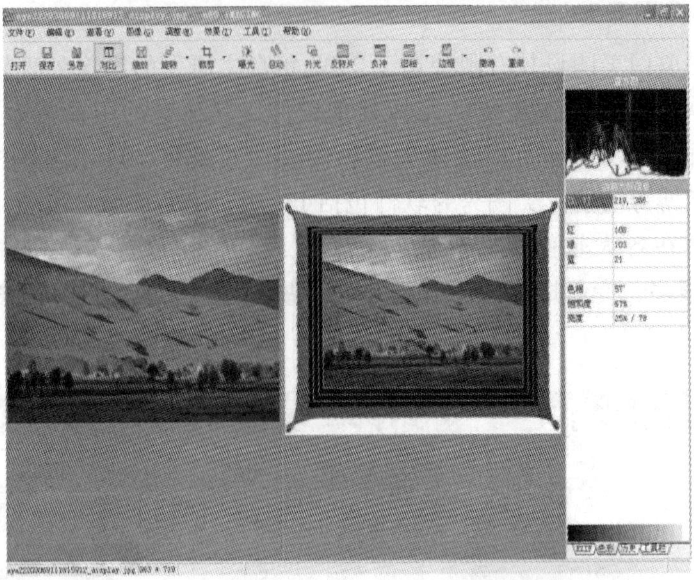

图 2-11　光影魔术手主界面

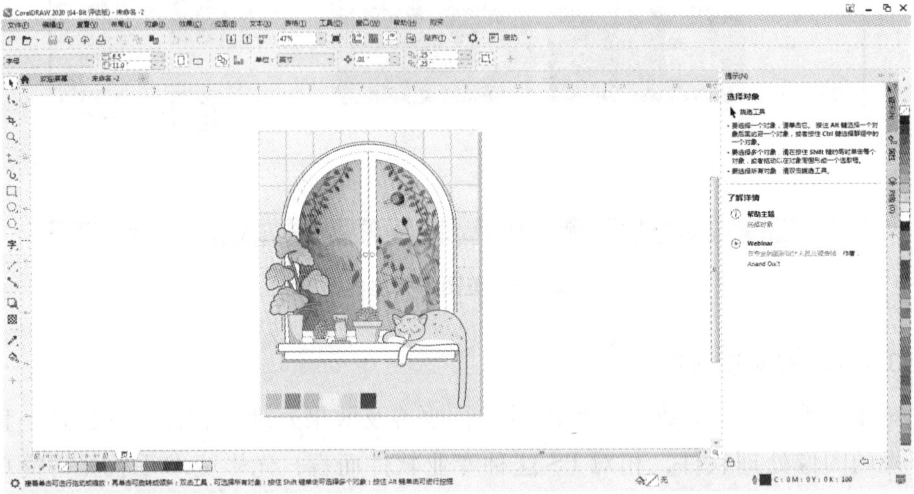

图 2-12　CorelDraw 主界面

2.3.3　教学中的图片处理技术

图片处理是指对数字图片进行修复、合成、美化等各种处理的总称。本书以 Adobe Photoshop 为例，介绍教学中常用的图片处理技术。

2.3.3.1　Photoshop 界面介绍

Photoshop 界面包括菜单栏、工具箱、属性栏、绘图区、浮动面板，如图 2-13 所示。

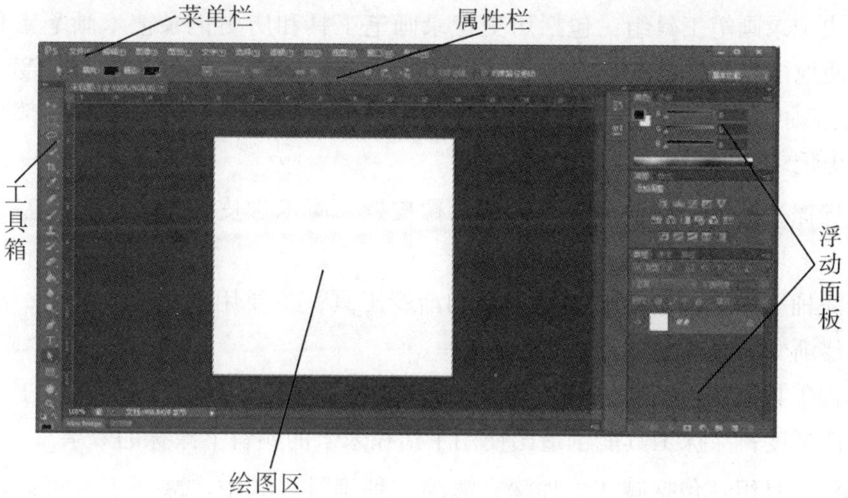

图 2-13　Photoshop 主界面介绍

（1）菜单栏

菜单栏共有 11 个项目，包括文件、编辑、图像、图层、文字、选择、滤镜、3D、视图、窗口、帮助。每个菜单项都对应各自相关操作指令列表。一些指令需要满足一定的条件才能使用，否则显示为灰色，即不可用状态。

（2）工具箱

工具箱也叫工具栏，一般位于界面左方，是 Photoshop 常用面板之一，可通过菜单“窗口”→“工具”打开和关闭。部分工具右下角的小三角符号表示有扩展选项，鼠标右击可以展开扩展选项。在工具箱空白处单击并长按鼠标可以将其拖动到任意位置。

工具箱功能介绍如下：

移动工具：用来移动图像或者选择区域。

矩形选框工具组：由矩形选框、椭圆选框、单行选框和单列选框四种工具组成，利用这些工具可以创建矩形、椭圆、单行或单列等不同的选区。

套索工具组：由套索、多边形套索和磁性套索三种相似而不同的工具组成，可用于创建手绘选区、多边形选区或磁性选区，是常用的抠图选区工具。

快速选择工具组：由快速选择工具和魔棒工具两种工具构成，可用来快速创建颜色相近的选区。

裁剪工具组：具备裁剪和切片两种工具，用于裁切图片。

吸管工具组：集成了多种工具，如吸管、颜色取样器、标尺、注释等工具。其中吸管工具用于拾取颜色；颜色取样器用于获取颜色具体信息；标尺工具用于测量长度、像素大小和角度变化；注释工具类似于便利贴，用于记录信息。

修复画笔工具组：包括污点修复画笔、修复画笔、修补、内容感知移动和红眼工具，是常用的修图工具。

画笔工具组：包括画笔、铅笔、颜色替换、混合器画笔工具，常用于绘制图像。

仿制图章工具组：包括仿制图章工具和图案图章工具，可用于根据图章的样本来绘图。

历史记录画笔工具组：包括历史记录画笔工具和历史记录艺术画笔工具。它可以非常方便地恢复图像至任一操作，结合属性栏上的笔刷形状以及不透明度和色彩混合模式等选项可制作出特殊的效果。另外，历史记录艺术画笔还可以将局部图像依照指定的历史记录转换成手绘图的效果。

橡皮擦工具组：包括橡皮擦、背景橡皮擦、魔术橡皮擦工具，是最基本的擦除工具。

油漆桶工具组：包括油漆桶工具和渐变工具，主要用于填充。其中，渐变工具可用于创建渐变填充效果。

模糊工具组：包括模糊、锐化和涂抹工具。其中，模糊工具和锐化工具用于改变图像的清晰度；涂抹工具能创造出使用手指在未干的颜料上涂抹的效果。

减淡工具组：包括减淡、加深、海绵三种工具。其中，减淡工具可以对图像的阴影、中间色和高光部分进行增亮和加光处理；加深工具可以改变图像特定区域的曝光度，使图像变暗；海绵工具可以改变图像的色彩饱和度。

钢笔工具组：包括钢笔、自由钢笔、添加锚点、删除锚点、转换点工具，常用于创建、编辑路径。路径是 Photoshop 中的一部分矢量绘画功能，可以绘制任意形状的物体。

文字工具：包括横排文字、直排文字、横排文字蒙板、直排文字蒙板工具，用于创建文字。

路径选择工具组：包括路径选择和直接选择工具。路径选择工具选择的对象是整个路径，用于删除锚点、增加锚点、转为选区、描边路径等；直接选择工具选择的对象是单个或是多个锚点，用于选择路径、路径段、锚点，移动锚点和方向点，从而调整路径。

形状工具组：包括矩形、圆角矩形、椭圆、多边形、直线、自定义形状工具，用于绘制形状图层或者形状路径。

抓手工具组：包括抓手工具和旋转透视工具，主要作用是移动图像，但它和移动工具的作用不一样。抓手工具只能在文档窗口无法完全显示图像后才可使用，它可以帮助我们在不改变图像的实际位置的情况下快速观看图像窗口中不能完整显示的内容。

缩放工具：对图像进行放大或缩小，便于观察编辑图像局部。

默认前景色和背景色：设置默认的前景色与背景色。默认前景色为黑色，背景色为白色。

切换前景色和背景色：交换当前的前景色与背景色设置。

设置前景色与背景色：用于编辑前景色与背景色。单击上面的色块可以设置前景色，单击下面的色块可以设置背景色。

模式切换按钮：切换标准模式和快速蒙板模式，其中“以快速蒙版模式编辑”可以很容易地建立、显示和编辑蒙版。

标准屏幕：包括标准屏幕模式、带有菜单栏的全屏模式、不带菜单栏的全屏模式，用于切换窗口显示状态。

（3）属性栏

属性栏位于菜单栏下方，与工具箱类似，可以随意拖动其位置。属性栏的显示内容根据工具箱的选择不同而变化，如选择工具箱中“横排文字工具”，那么属性栏就会显示为对应的字体、大小、样式等属性。

（4）绘图区

绘图区也叫工作区，一般包括界面中间的大面积灰色区域。图 2-13 显示的绘图区为新建画布后的效果。

（5）浮动面板

浮动面板由一系列面板组成，默认分上中下三部分，上部为“颜色/色板”面板，中部为“调整/样式”面板，下部为“图层/通道/路径”面板。在组合面板空白处利用鼠标左键可拖动调整其位置。浮动面板中任何一个面板均可以通过菜单“窗口”中的命令打开和关闭。

浮动面板是 Photoshop 非常重要的辅助工具，它为图像处理提供了各种辅助功能。例如，导航器面板如图 2-14 所示，用于快速进行图像的缩放操作或者移动，从而方便观察图像。

字符/段落面板如图 2-15 所示，它们是文本编辑的两个密不可分的工具，字符面板设定单个文字的各种格式，段落面板用于设定文字段落或者文字与文字之间的相对格式。

图 2-14　导航器

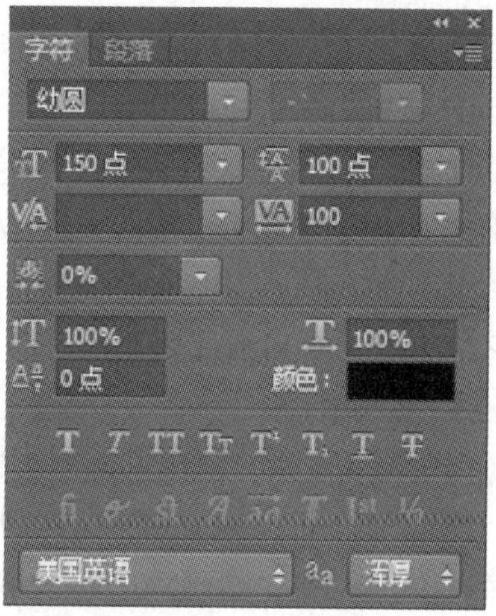

图 2-15　字符/段落

图层面板如图 2-16 所示，属于 Photoshop 非常重要的面板之一。图层参照采用透明纸进行绘图，各部分绘制在不同的图层中。将这些纸张层层叠放之后，上层的画面会遮挡下层的画面，透过这层纸，可以看到下面图层的内容。基于这样的显示原理，所有图层都一起显示，最后我们能看到一个完整的图像。每个图层都可以进行独立的编辑，不会影响其他图层中的内容。图层面板中可以进行图层的新建、复制、重命名、删除、透明度调整等操作。

历史记录面板如图 2-17 所示，其自动记录了所有操作步骤，用于恢复图像或者撤销某些操作步骤。

图 2-16　图层面板

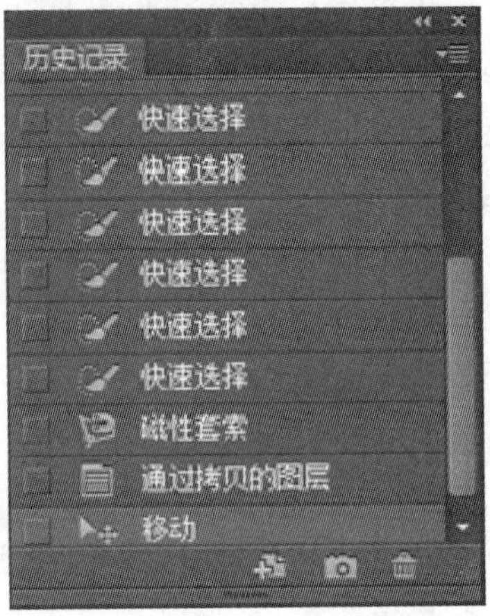

图 2-17　历史记录面板

通道面板用于记录图像的颜色数据和保存蒙版内容。在通道中可以进行各种通道操作，如切换显示通道内容、载入选区、保存和编辑蒙版等。

路径面板用于建立矢量式的图像路径，并可转换路径为选区，也可对其进行描边等操作。

直方图面板用于查看整个图像或者某个区域中的色调分布状况，主要用于统计色调分布的状况。

信息面板用于显示当前鼠标光标所在区域的颜色、位置、大小以及不透明度等信息。

颜色面板用于选择或设置颜色，以便用于工具绘图和填充等操作。

色板面板功能类似于颜色面板，用于选择颜色。

样式面板中预设了一些图层样式效果，可随时将其应用于图像或文字。

动作面板用于录制一连串的编辑操作，以实现操作自动化。

2.3.3.2　常用图片处理技术

（1）裁剪图片

如图 2-18 所示，照相过程中取景不合适容易导致构图缺陷，获取的照片无法准确突出主题或者干扰信息太多，这时可以通过后期裁剪图片来调整构图。剪裁图片主要用于截取图片局部，合理地去掉或减弱与主题无关的陪体，使画面主体鲜明集中。裁剪图片主要使用剪裁工具进行制作，操作步骤如下：

①在 Adobe Photoshop 中打开需要剪裁的图片，单击左侧工具箱中的“剪裁”工具。

②在画布上按下鼠标左键并拖动，划出一个区域，一般即为裁剪后保留下来的区域，可以看到区域以外变暗。

图 2-18　结构缺陷

③如果选区需要进行微调，可以拖动选区角或者边上的控制点做调整，也可以拖移选区内部来调整选区位置。

④最后，单击属性工具栏的“提交当前裁剪操作”按钮，即可完成裁剪。这样就可以看到图片只保留了刚才选区的范围，其他部分被清除掉了。

（2）调整图像大小

调整图像大小主要用于修改图像大小和分辨率，从而降低数据量。图像用途不同，分辨率标准也不同，如打印输出分辨率至少 300 像素/英寸，网络图片分辨率一般 72 像素/英寸。调整图像大小的操作步骤如下：

①打开一张素材图片。

②打开“图像”→“图像大小”对话框，如图 2-19 所示，修改“文档大小”中的分辨率值，修改完后单击“确定”按钮。

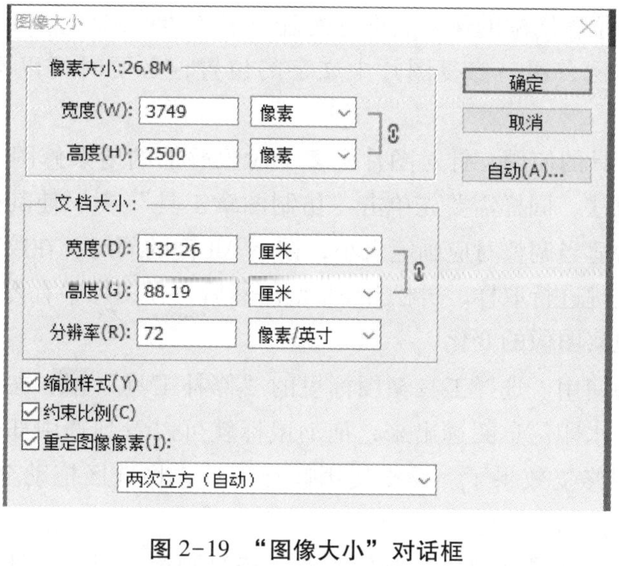

图 2-19　“图像大小”对话框

说明：在“图像大小”设置中，“像素大小”主要用于设置显示屏显示的图片大小，“文档大小”通常用于设置打印输出的图片大小。修改“文档大小”中的分辨率值，像素大小会随之改变，通过取消“重定图像像素”选择可以保持显示屏显示的图片大小不变。为了保证图片不变形，调整时一般要勾选“约束比例”复选框。

（3）去除图片冗余信息

从网上下载的图片上会有一些与主题无关的信息，如果不做任何技术处理直接应用于课堂，容易分散学生的注意力、干扰主体信息的有效传达，因此在使用前有必要去除它们。去除图片冗余信息可以使用 Photoshop 修复工具箱里面的相应工具，必要时可以考虑用仿制图章工具来完成。图 2-20 为原图，图 2-21 为处理后的图片。

图 2-20　原图

图 2-21　处理后的图片

去除图片冗余信息的操作步骤如下：

①打开一张需要处理的图片。

②单击修复工具箱中的“污点修复画笔工具”，观察带修复的图片区域大小后设置对应画笔尺寸。

③鼠标移向图片中一处有文字（banana）的位置，直接按下左键并轻轻涂抹，它就会自动选择涂抹位置周围的像素点进行覆盖。

④采用这种方法，逐一修复图片中文字的位置，必要时可以不断调整工具直径大小。

⑤仿制图章工具的使用。针对图片中多个对象叠加的复杂修图（如本图片中香蕉位置的树枝）的方法，同样需要先单击“仿制图章工具”，使其处于仿制图章工具的工作状态，然后适当调整对应画笔大小，按下 Alt 键的同时，在纹理较接近的树枝位置单击一下鼠标左键进行取样，再松开 Alt 键。然后，在图片中有香蕉位置的树枝部分单击鼠标左键，观察图像的变化。

⑥修补工具的使用。选择工具箱图标里的“修补工具”，按下鼠标左键并拖动将图片中树干上的水印信息圈选出来，拖动鼠标就可以看到选中部分的像素被附近的像素取代从而达到修复效果了。反复使用修补工具，将选区拖动至纹理类似的区域，就能同样完成水印信息的去除。

修图工具主要包括了污点修复画笔工具、修复画笔工具、修补工具、仿制图章工具、内容感知等。这些工具使用方法存在差异，适用性也有所区别，修图过程中可以将这些工具相配合，根据需要修补的图像区域特征灵活选择对应的工具。

污点修复画笔工具的使用非常简单，其也是修图时使用频率较高的一款工具。它主要用于快速修图，通常可以将修复位置用图片中的其他部分代替。利用该工具修图，能够使图像样本像素的各种纹理、光照和阴影效果与源像素完美匹配。

针对复杂的修图，可以结合修复画笔与仿制图章两种工具，甚至交替使用来完成。其中，使用仿制图章工具进行修图通常是完全照搬，而在需要处理一些有许多颜色、纹理或者带有光影的物体时，修复画笔的智能嵌入会非常好地融入环境。此外，内容感知移动工具也是可以考虑的一款重要工具。在一些特殊情况下，修补工作结束之前还需要结合调色、滤镜等进行处理。

（4）制作透明背景图片

当课件页面中插入图片并希望它与页面背景较好融合时，就需要制作背景透明的图片，也叫抠图。制作透明背景图片一般需要经历建立选区→复制选区→保存三个步骤。

下面为制作透明背景图片的实例。其中图 2-22 是原图，图 2-23 是处理为透明背景的图片。

图 2-22　原图

图 2-23　透明背景的图片

制作透明背景图片的操作步骤如下：

①运行 PS 软件，打开素材图片。

②使用快速选择工具选择主体对象。在工具箱中单击快速选择工具，就可以发现该工具对应的属性栏显示如图 2-24 所示，设置“添加到选区”，调整工具直径大小到合适，然后在画布中莲蓬对象上单击左键，出现一个浮动的选区，移动鼠标至附近未选中位置再次单击左键，选区范围会扩大，必要时调整工具直径大小来进一步选择，效果如图 2-25 所示。

图 2-24　快速选择工具属性面板

③如果下方位置选择效果不理想，可以使用磁性套索工具来选择。选择工具箱中磁性套索工具，注意设置工具属性栏为“添加到选区”，在下方未选中的莲蓬茎秆位置边沿单击鼠标左键，然后按住左键沿着轮廓移动鼠标，将产生一系列的节点，必要

时在轮廓变化区域单击左键增加节点，效果如图 2-26 所示，直至全部选中对象。双击鼠标左键，完成选区的建立。

图 2-25　浮动的选区效果

图 2-26　修正选区

④平滑选区边缘。单击工具属性栏中的对应按钮，打开如图 2-27 所示的“调整边缘”对话框，调整其中的参数，使边缘部分更平滑（此功能在后续版本被“选择并遮住”工具替代）。

⑤选区上单击鼠标右键，选择“通过拷贝的图层”，观察图层面板，出现图层 1。

⑥找到图层面板，调整图层前面的“指示图层可见性”，如图 2-28 所示，设置背景图层为“不显示”。

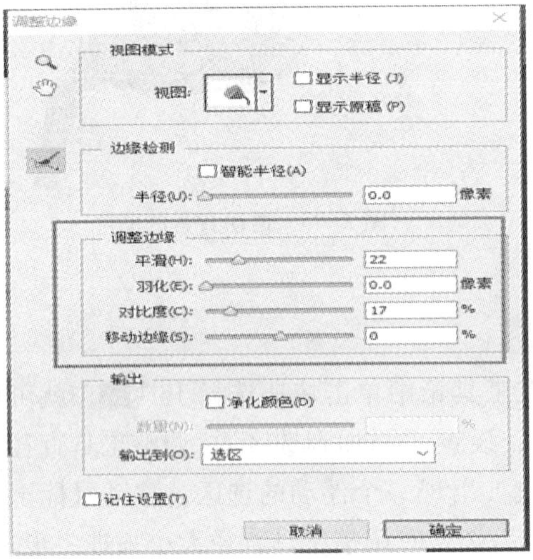

图 2-27　调整边缘

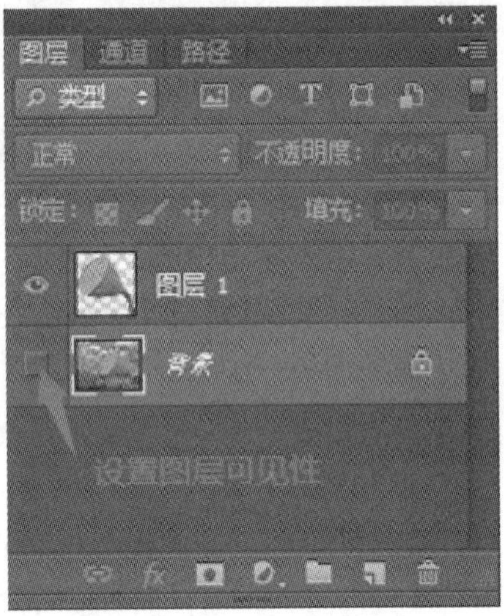

图 2-28　图层面板

⑦选择“文件”→“存储为”，考虑到透明背景，因此选择 png 格式保存。

说明：

在抠图过程中，核心环节是建立选区。Photoshop 建立选区的方法有很多，如选框工具、魔棒工具、套索工具、钢笔工具等，具体使用哪一种工具，要视具体情况而定。

选框工具组▇：包括矩形选框、椭圆选框、单行选框、单列选框工具四种类型。它们常用于创建形状规则的选区，使用方法较简单。例如，选择矩形选框工具进行选取时，先将鼠标放置在图像上某一个位置，鼠标的状态变成一个十字符号，然后按住鼠标左键直接拖动，即可建立一个矩形选区。

魔棒工具组：它与我们前面使用的快速选择工具使用方法类似，是软件提供的一种比较快捷的选区工具，对于一些颜色单一的图像，通过魔棒工具可以快速地将图像选出。

套索工具组：它是基本的选区工具，这一类包括了套索、多边形套索和磁性套索。

钢笔工具组：常用于色彩区分不明显且不规则的对象选择。它是矢量绘图工具，绘出来的线条属于贝赛尔曲线，由线段和节点构成，而每一个节点都有两个控制手柄，可以勾画平滑的曲线。钢笔工具勾勒画出来的被称为路径，不是直接选区，通过鼠标右键可以将其转换为选区。

除了通过色彩范围建立选区外，还可以按颜色来选择，一般用于处理颜色差距较大的图片。单击菜单“选择”→“色彩范围”，即可打开“色彩范围”对话框进行操作。

建立选区过程中，可以通过设置选区工具属性栏进一步修正选区。以套索工具为例，套索工具的属性如图 2-29 所示。

图 2-29　套索工具属性栏

新选区：每次使用都会产生新的选区，如果原来存在选区则自动取消，连续使用时也是最后一个选区有效。

添加到选区：这是在原有选区的基础上继续增加新的选区范围，不管这些增加的选区是否连续。

从选区减去：从原选区范围减去新绘制的选区，剩下的范围为最后选区。

与选区交叉：这是区交集的运算，保留前后选区之间共同部分。

羽化：软化选区的边缘，起到渐变的作用从而达到自然衔接的效果。数值越大，软化边缘越大。

消除锯齿：用于智能化平滑选区边缘。

调整边缘：用于进一步调整选区边缘。

（5）制作文字效果

制作文字效果的操作步骤如下：

①新建图层，填充为黑色背景，使用文字工具输入文字，设置文字大小，调整颜色为白色。

②选择“图像”→“旋转画”→“逆时针旋转 90 度”命令，得到结果如图 2-30 所示。

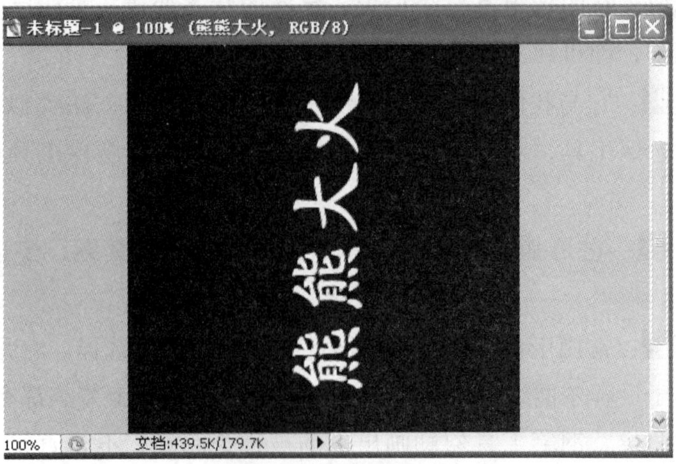

图 2-30　创建文字

③选择“滤镜”→“风格化”→“风”命令，弹出如图 2-31 所示的对话框提示，需要栅格化文字才能编辑，单击“确定”按钮。弹出“风”对话框（如图 2-32 所示），设置参数：方法为“风”，方向为“从右”。

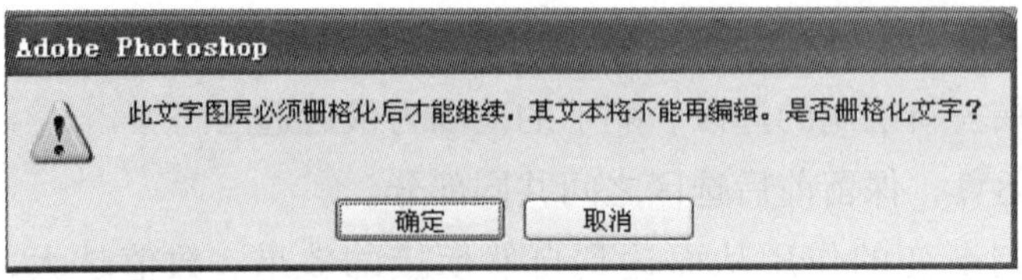

图 2-31　栅格化文字

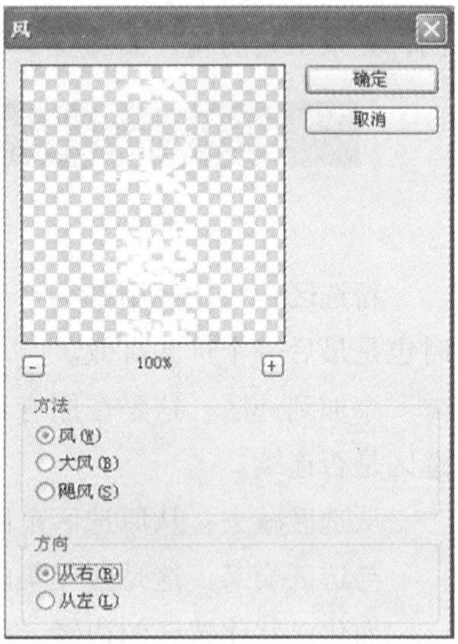

图 2-32　滤镜“风”属性面板

④顺时针旋转 90 度。

⑤执行“图像”→“模式”→“索引颜色”命令，PS 提示要拼合图层才可以完成任务，选择“是”；接着执行“图像”→“模式”→“灰度”命令，提示要扔掉颜色吗，选择“是”；再执行“图像”→“模式”→“索引颜色”命令，弹出提示要拼合图层，选择“是”；最后执行“图像”→“模式”→“颜色表”命令，弹出如图 2-33 所示对话框，选择“黑体”。

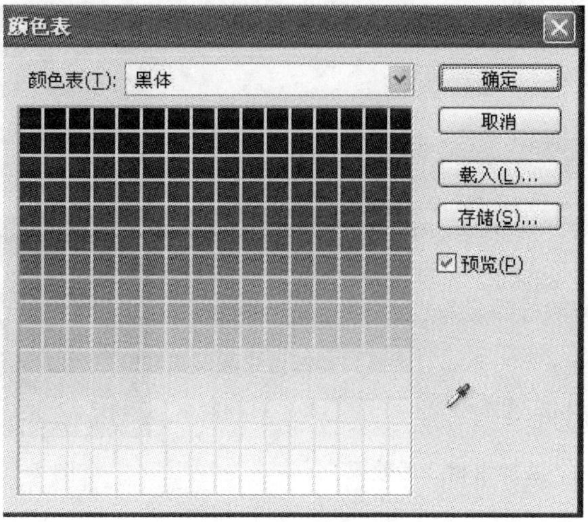

图 2-33 **“颜色表”窗口**

⑥执行“图像”→“模式”→“RGB 颜色”命令，操作完成。

为了使火焰字效果更加逼真，可以制作出火焰抖动的效果，也可以执行“滤镜”→“扭曲”→“波浪或波纹”（Ripple）命令或者利用涂抹工具进行修饰。

（6）制作课件页面

课件页面的具体制作步骤如下：

①新建文件：10 280×720 像素，分辨率选择 72 像素/英寸，图像模式选择 RGB 并设置白色背景，文件名为“课件封面”。

②打开素材 1 图片，如图 2-34 所示，去除其中的文字水印。

③添加素材 1。使用工具箱“移动工具”，将素材 1 拖放到新建的文件“课件封面”中并调整其位置，形成图层 1。

④添加素材 2。利用上面的方法去除素材 2（如图 2-35 所示）的水印并将其拖放到“课件封面”中，形成图层 2，通过“编辑”→“自由变换”命令来调整图层 2 的大小与位置，效果如图 2-36 所示。

图 2-34 **素材 1**

图 2-35 **素材 2**

⑤为图层 2 添加图层蒙版。选择图层 2，在图层面板下方单击“添加图层蒙版”按钮，添加后的图层面板如图 2-37 所示。

图 2-36　添加素材 2 后效果

图 2-37　图层面板

⑥选择工具箱渐变工具，在渐变编辑器中设置渐变色为预设中的“黑、白色渐变”，在图层 2 与图层 1 画面衔接处从下到上方向按下鼠标并拖动，形成如图 2-38 所示的效果。

⑦添加素材 3 到“课件封面”中。打开素材 3，如图 2-39 所示。选出其中的人物与船，添加到“课件封面”中，形成图层 3。

图 2-38　渐变后效果

图 2-39　素材 3

⑧利用去除图片水印的方法修图，去除图层 3 中的杂乱信息，使用工具箱的“模糊工具”涂抹素材 3 下方位置，调整其在画布中的位置，形成如图 2-40 所示的效果。

⑨新建图层 4，使用黑色进行填充背景。

⑩单击“滤镜”→“杂色”→“添加杂色”命令，设置一个参数添加杂色，单击“高斯分布”按钮，勾选“单色”。

⑪单击“滤镜”→“模糊”→“高斯模糊”命令，模糊半径适度调整，按“确定”按钮。

⑫在图层面板底部找到“创建新的填充或调整图层”功能，勾选其中的“阈值”，在阈值属性中调节阈值。此时画布效果如图 2-41 所示，图层面板如图 2-42 所示。

图 2-40　添加素材 3 后效果

图 2-41　设置“阈值”后画布显示

⑬选中最上方的两个图层，右键选择“转换为智能对象”，再使用半径为 2 的高斯模糊，观察效果。

⑭图层混合模式选择“滤色”方式，画布显示如图 2-43 所示，出现雪花效果。

⑮创建课题文字。利用竖排文字工具，在画布上合适的位置单击鼠标左键，输入文字“江雪”，选择“窗口”→“字符”命令，设置字体、字号及文字颜色，调整文字位置。

图 2-42　“阈值”后图层面板

图 2-43　修改图层混合模式后画布效果

⑯设置文字阴影效果。给文字添加上阴影后就具有一定的立体感，起到视觉冲击效果。单击课题文字层，选择“图层”→“图层样式”命令，在如图 2-44 所示的对话框中，将“投影”设置为：距离 7 像素，扩展 9%，大小 6 像素，其余默认，单击“确定”按钮。

⑰选择“文件”→“存储为”命令，保存为 jpg 格式图片，最终效果如图 2-45 所示。

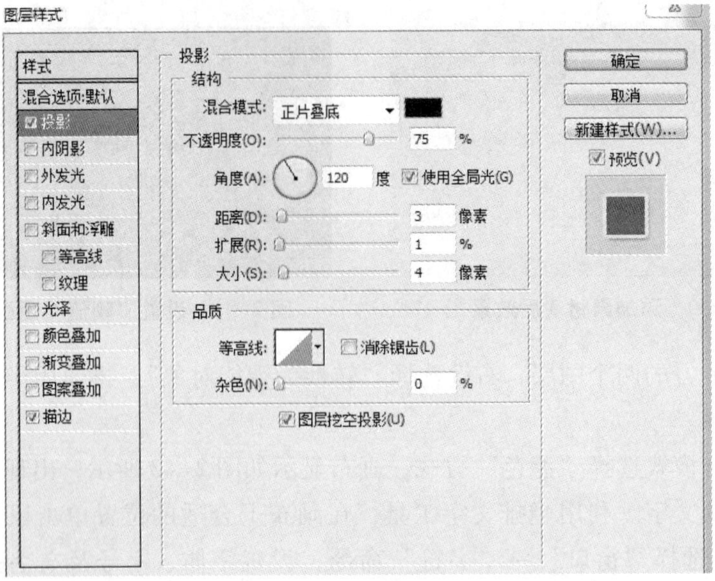

图 2-44　图层样式-投影

图 2-45　最终效果

思考与练习

1. 选择一张图片素材，然后利用 Photoshop 为图像调整色彩，同时体会色彩的变化对表达效果的影响。

2. 制作一个立体文字效果。

3. 选择一个课题，设计并制作一个教学课件的封面及主界面。要求做到：

（1）根据自定的教学主题，设计适合课件页面的主色调、图案和文字素材等。

（2）获取、准备好课件必需的图片素材，运用本章的知识对图片素材进行加工处理以满足课件的需要，尽可能达到图像合成自然，主题鲜明，色彩和谐。

3

声音资源的处理与制作

■内容提要

随着信息技术的高速发展，现代教育技术已经与计算机技术结合得更加密切，多媒体教学已经成为课堂教学一道亮丽的风景线。各种媒体为课堂教学助力、教学信息呈现多样化，目的只有一个，就是力求全方位、多角度地呈现给学生事物的本质。在多媒体课件中，声音资源的利用，能够为促进上述目标添砖加瓦。本章主要介绍声音的基本常识、声音资源在多媒体教学中的使用以及教学中常见的声音处理技术。

3.1 声音基础知识

3.1.1 声音的四要素

3.1.1.1 响度（loudness）

响度亦称为声强或音量，反映声音能量的强弱程度。响度就是我们主观上感觉到的声音的大小。声音的响度由声源的“振幅”（amplitude）和相对声源的距离决定，振幅越大，响度越大，与声源的距离越小，响度越大。一般以分贝（dB）为单位来对响度量化表示。

3.1.1.2 音调（pitch）

音调是指声音频率的高低程度，由声源振动的“频率”（frequency）决定，振动频率越高，则音调越高，反之越低。总体来说，音调高的声音听起来感觉“轻、短、细”，而音调低的声音听起来感觉“重、长、粗”。女声听起来很“尖”就是因为女生的音调较高。

3.1.1.3 音色（timbre）

音色又称音品，是指整体声音的感觉特性。发声体的结构、材料存在差异，直接导致它发出的声音的音色差别很大。音色不存在好坏之分，不能说钢琴的音色比小提琴的音色好，我们通常所说的音质好坏，是指大多数人对同一种音品的认同性评价。

3.1.1.4 音长（duration）

响度、单调、音色三个基本要素能够反映出声音对耳朵的刺激效果，但这些都需要声音的另一个要素来支撑，即音长。音长是指声音持续的时间长度。发音体振动持续时间越长，音长值就越大，反之就越小。

3.1.2 数字音频

数字音频是指在计算机内以0、1构成二进制序列的形式保存的音频。数字音频在播放时需要把数据转换为模拟信号，再输送到喇叭口进行播出。

模拟音频无法直接保存到计算机中，需要先转换为数字音频，即把模拟音频信号用数字化处理，这个模数转换的过程就是完成声音的采样。也就是说，把模拟音频的信号转换为二进制的0、1，转换出来的二进制序列就是数字音频文件。

数字音频的采样率是一个重要特性，它表示记录1秒的声音需要的数据。例如，采样率44KHZ，即表示用44 000个二进制数据来记录1秒的声音。要存储更好音质的声音，采样率必须更高。

声音经过“模数转换”后得到了数字信号，但要把声音形成文件保存下来还需要编码。编码的主要目的就是要对音频的数字信号数据进行压缩，不同算法的压缩比不同，压缩后的体积和信号的损失程度也不同。依据不同的压缩算法，采用得到的音频文件在播放时必须用对应算法的逆运算才能解码变成模拟信号输出，因此不同的算法决定了音频文件的不同格式。

3.1.3 常见的声音格式

3.1.3.1 wav 格式

wav格式是微软公司开发出来的一种声音文件格式，被称为波形声音文件，这是最早的数字音频格式。wav格式采用无损压缩算法，能够保证声音不失真。但这会给它带来很大的缺点，即这种格式的声音文件占据过大的存储空间，在播放时对内存的压力会很大。当然，由于硬盘和内存技术的发展，这个缺点已经能够被更多的人接受了。

3.1.3.2 mp3 格式

MP3是MPEG-1 Audio Layer 3的缩写，它在1992年合并至MPEG规范中，是一种应用广泛的音频压缩技术。这种压缩技术能够大幅度降低音频文件的数据量，大幅度缩减文件体积。而对于非专业的普通用户来说，这种压缩格式的音频文件音质损伤不太明显，是可以接受的。因此，mp3 文件以娇小的身材在网络穿梭，成为互联网音频格式的标杆。

3.1.3.3 mid 格式

mid 格式是一种国际标准，这种音乐文件用来记录乐器音乐。mid 格式比 mp3 格式的体积还小很多，但是不能存储自然声音和语音，因而其应用范围受限。

3.1.3.4 cda 格式

cda 是 CD 唱片的格式，CD 唱片也叫激光唱片。cda 格式的声音品质比 VCD、DVD 好得多。但这种格式的文件受到存储介质的播放器的限制，只能成为音乐发烧友的最爱。

3.1.3.5 wma 格式

wma（Windows Media Audio）是 Windows 系统常见的音乐格式，它是微软公司针对互联网音视频而研发的一种音乐格式。wma 与 mp3 齐名，压缩比和音质在多数情况下要优于 mp3，有望取代 mp3 的网络地位，但它对解码器的要求比较高，应用范围暂时还不如 mp3。

3.2 声音在教育教学中的使用

3.2.1 声音的作用

声音作为多种媒体资源的表现形式之一，具有不可或缺的作用。这种表现形式极富感染力，相比其他形式，恰当、动听的声音能够更深刻地影响人们的思想感情，激发兴趣，对人们的内心世界能够起到润物细无声的作用；从情感的角度来缩短人与人之间的距离，升华人们的精神境界。选择和使用声音时要注重声音的审美，这样更能使教学具有感染力。声音在教学中的作用表现在以下四个方面：

3.2.1.1 提供语音的标准示范

语音的标准示范作用明显体现于语言类教学，可以利用声音素材呈现标准的示范朗读。典型的例子就是在学习拼音、普通话和外语时，在相关的教学资源中加入标准的示范、朗读和对话，能使学习者很容易模仿到标准化发音，更能让学习者熟悉语言的会话场景；再如，语文古诗词教学相对比较抽象，如果能够在课件中出现示范性朗读，并配上背景音乐，就能更准确地把古诗词意境表达出来，从而增强课堂的带入感，真正做到润物细无声。

3.2.1.2 创设情境，引发情感体验

音乐在创设情景和引发情感体验方面具有独到的作用。例如，要在课堂教学中为学生提供某些自然界的声音，如动物的叫声、风暴与海啸的声音。这些声音不好模仿，也不便于组织学生现场体会。教师可以通过自己录制保存，或通过其他网络手段获得

这些声音素材，并把这些素材融入教学中，从而让学生能够突破时空限制产生一种身临其境的感觉，自然现象的感知也就变得容易。古诗词的课件往往就需要加入背景音乐，营造意境。

3.2.1.3 强化教学信息，加深印象

实验心理学家赤瑞特拉通过大量的实验证实：人类获取的信息 83%来自视觉，11%来自听觉，3.5%来自嗅觉，1.5%来自触觉，1%来自味觉。由此可见，教学信息通过多个维度呈现给学习者，有助于加深印象，达到强化教学信息的作用。

文字是教学课件的基本元素，但是其容易诱发疲惫，因此可以考虑配上解说词、画外音，让学习者在视觉和听觉两方面均能触碰到教学信息，从而加深理解和记忆。心理学研究已经证明，学习者长时间只接受到单一的信息（如文字）刺激，容易产生疲劳，降低甚至完全失去学习兴趣，无法达到学习目的。课件中使用声音媒体可以产生各种语音、音乐、音响等刺激，更容易调动学习者的学习积极性。

3.2.1.4 激发学生兴趣，促进主动学习

主动学习能够确保学习的持续性和学习效果的最佳性。除了学习者自身的因素外，充分利用多媒体课件中的声音交互功能，可以让学习者主动参与到学习活动中来。通过对声音的操作控制，可以充分借助课件中的声音的反馈刺激，确保学习者保持浓厚的学习兴趣，从而充分发挥他们的学习主动性，变“要我学”为“我要学”的主动模式，进而达到转变学习态度的目的。

3.2.2 声音的类型

教学内容与教学目的不同，嵌入教学的声音类型也就不同。声音类型大致可分为音响、音乐和解说三类。这些不同类型的声音素材在教学课件中发挥的作用各不相同，但都能够提升教学信息的传递效果。

3.2.2.1 音响

这里的音响并非指常说的音响设备，而是一种声音类别。如果从声音要素来说，这里的音响是指音长较短的声音。这种声音应用到课件中可以使画面更加具有现场感，更富有活力，它能表达出语言和画面无法承载的信息。例如，各种类型的汽车发动机声音、刹车声，火车的隆隆声，轮船鸣笛声等表现城市工业特征的声音；雨声、瀑布声、雷声、海啸声、风声等表现自然界的声音；狗、猪、鸡、牛、羊等表现乡村动物特色的声音。

3.2.2.2 音乐

在多媒体课件中，可以把音乐作为前景直接欣赏。例如，在鉴赏《梁山伯与祝英台》时，教师可直接播放《梁山伯与祝英台》的全部或部分音乐，进行针对性讲解。

声音也可以作为背景，如在讲解吕岩的《牧童》这首古诗时要进行示范朗读，为了烘托意境，引人入胜，这时我们就可以在朗诵时配上悠扬的笛声音乐。背景音乐也可以用于全部课件，也就是整个课件的播放过程都伴随音乐，不过作为背景音乐，一

定要起到点缀效果，需要精心选择与制作。

3.2.2.3 解说

解说是要向学习者直接传递教学知识，目的性很强。尤其在微课中，声音更多的时候为解说的表现形式，因为大多数的知识还是依靠解说才能表达出来，音乐和声响的作用是辅助性的。恰如气氛的解说能够起到对主题的阐述、解释、说明与补充作用，也是课件优劣最主要的评价参数。当然，这并不是否定其他媒体，多种媒体互为补充、交相呼应、协调一直，才能更加深刻、全面、完美地把教学内容展示出来，更好地完成教学任务，从而使得教学目的得以完美实现。

3.2.3 声音的选择

声音在教学过程的作用往往具有不可替代性，选择声音时要考虑到科学性、教育性和艺术性等多个方面的要素。声音的选择根据类型的不同而有所区别。

（1）作为背景音乐的声音：要符合教学内容的风格特点。例如，语文课件《雨霖铃》是表达恋人分别时难分难舍的场景，适合比较哀婉的音乐，如果挑选一首快节奏甚至是带有摇滚风格的说唱歌曲，会形成一种曲不达意的负面效果。

（2）作为示范朗读的声音：要求规范、标准、清晰。

（3）作为解说词的声音：应当允许自由控制，如暂停、播放和静音等，以保证使用者自主选择对声音素材的使用，从而确保课堂的提问、练习、讨论等多种教学活动的展开。

此外，声音的选择也要考虑教学对象的特点。比如，制作中小学和幼儿园的教学课件时就要根据不同的对象选择不同的声音，即使内容相同，但是语音、语调不同，效果也会不同。幼儿园使用的课件，声音应当具有活泼、亲切感，速度要缓慢，甜美的女音更加合适。

3.3 声音处理技术

3.3.1 常见的声音处理软件

3.3.1.1 Audition

Audition 是专为在照相室、广播室和后期制作方面从事音频和视频工作的专业人员设计的软件，具有先进的音频混合、编辑、控制和效果处理功能。

Audition 具备的功能非常强大，用户能够灵活控制，体验效果好，使用该软件能够轻松应对录制、混合、编辑和控制等多种操作。对专业人士而言，Audition 可以用来创建音乐、制作广播短片，还可以集成视频应用，将音频和视频进行完美结合。Audition 主界面如图 3-1 所示。

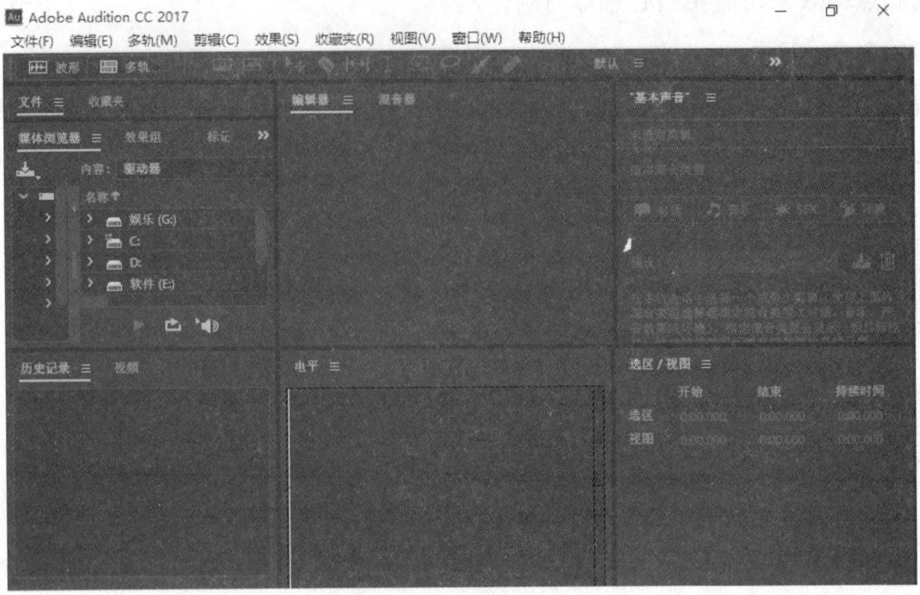

图 3-1　Audition 主界面

3. 3. 1. 2　Gold Wave

Gold Wave 的功能非常强大，它可以从音乐中消除和提取人声、轻松完成音频压缩、在不同音频格式之间相互转换，还可以对音频进行复杂的剪辑。该软件支持大部分的音频格式，用户可以利用它从 CD、VCD、DVD 等不同格式的视频精确提取自己所需要的声音片段。Gold Wave 也蕴含了大量的音频处理特效，包括多普勒、回声、混响、降噪等常见特效处理，即使是公式计算这种高级应用，Gold Wave 也能胜任。Gold Wave 主界面如图 3-2 所示。

图 3-2　Gold Wave 主界面

3. 3. 1. 3　Sound Forge

Sound Forge 由 Sonic 公司研发，它是具备录音、母带处理和音频编辑等多种功能的音频编辑软件，无论是现场录音、音频编辑，还是后期制作，Sund Forge 都可以凭借其强大的功能出色地完成。该软件在音频处理方面非常专业，功能非常强大，这款软件对用户的素质要求较高，操作起来也相对复杂。

处理音频还有其他的软件，这里不再赘述。

3.3.2 音频处理技术

音频处理技术是指对音频的混合、转录、增益调节、降噪、截取、变声、变调、速度调节和淡入淡出等一系列操作。数字化音频已经成为主流，因此一般所说的音频处理技术是指利用各种软件来对音频进行处理的过程。

本教材以最具典型的专业软件——Audition 为例，从录制声音、降噪、单轨界面编辑、添加音效、多轨界面编辑、合成存储、声音格式的转换等方面来介绍音频的处理技术。

Audition 提供了两种类型的编辑界面：单轨界面与多轨界面。单轨界面属于较常用的界面，具体布局如图 3-3 所示。除去顶部的基本菜单栏和常用工具栏以外，主界面从左到右分为三大区域。左侧区域从上到下分别为文件属性、媒体浏览器和历史记录三个区域，中间区域从上至下分别为音频波形编辑区和播放时动态电平显示区，右侧区域分别为基本声音区和选区视图。当然，这是默认配置情况，用户可以根据自己的习惯在“窗口”菜单中定制自己偏好的视图。

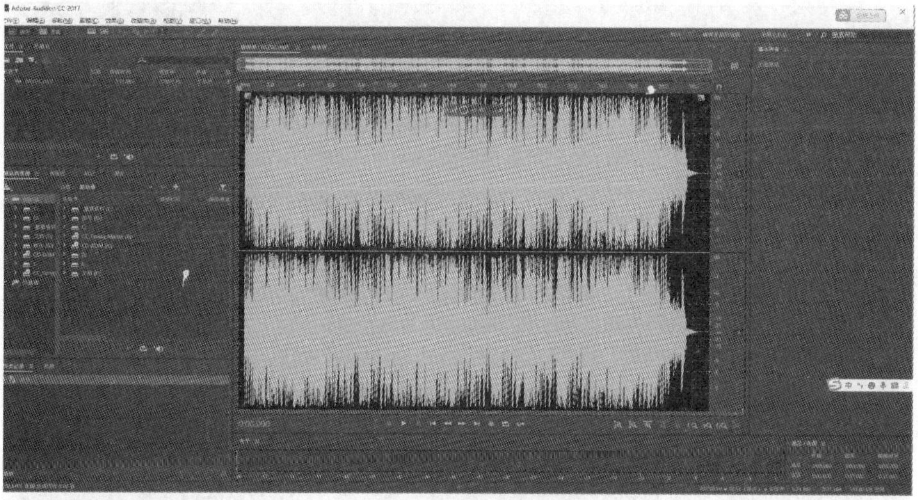

图 3-3 Audition 的单轨界面布局

3.3.2.1 录制声音

录制声音的操作步骤如下：

（1）运行程序 Audition。

（2）确保话筒和音箱的连接与工作状态正常。单击菜单“文件”→“音频文件”→“新建音频文件”命令，弹出如图 3-4 所示的“新建音频文件”对话框，确定一个新的音频文件名，采样率、声道、位深度这些参数可以根据需要进行选择。如果不能确定这些参数，可以定义文件名称，采用默认值即可，即 48 000Hz、立体声、32 位深度，该设置是用于 wav 格式的无损音频的设置。在录制完成以后，也可以保存为其他格式的音频文件。

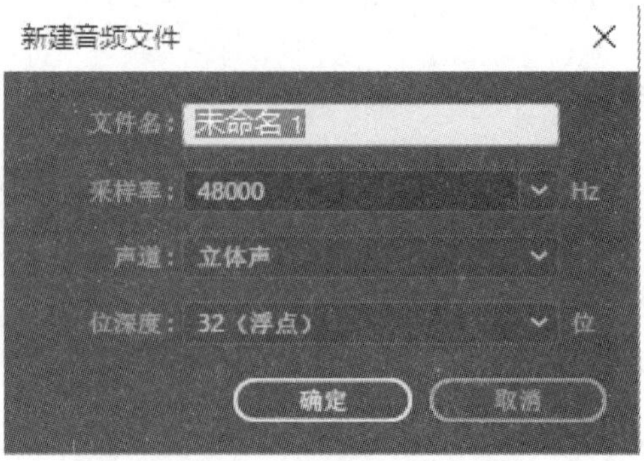

图 3-4　新建音频文件

（3）单击波形图下面的按钮开始录制，对着麦克风讲话或唱歌，就可以录制一段属于自己的声音。我们可以从波形图的产生和变化看出录制的进度。如果一直没有波形图，说明有硬件或其他原因导致录音失败。单击“停止”按钮则停止录音。Audition 以选中全部波形图状态呈现录制结果，如图 3-5 所示。如果要播放它，单击“播放”按钮即可。

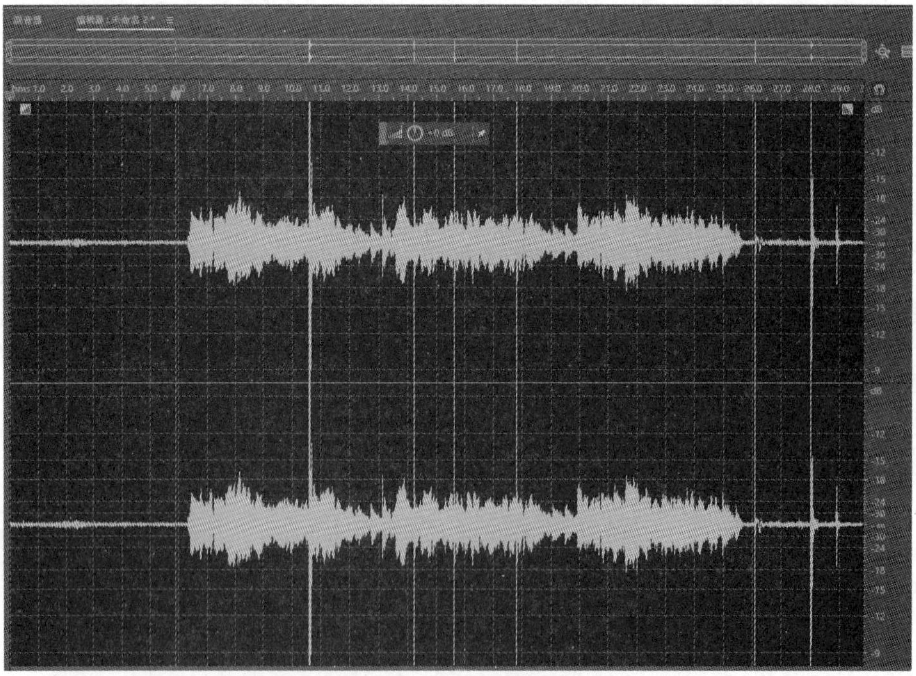

图 3-5　录制结果

3.3.2.2　降噪

在使用麦克风录制时，尽可能选择安静的环境录制。除了专业的录音棚外，一般的录制环境都会带有噪声，影响音质效果。如果不能忍受噪声，就需要对录制的音频进行降噪处理。对标准的噪声，如咔嗒声、滴答声、嗡嗡声等可以使用自动降噪。否则就应当考虑采样降噪。

降噪的操作步骤如下：

（1）录音前先空录（无输入信号）几秒，作为环境噪音，如图 3-5 中声音波形最前面较平的部分。

（2）选中这段环境噪音，单击“效果”下的“降噪/恢复”→“捕捉噪声样本（B）”命令，对噪音进行采样后关闭。如图 3-6 所示。

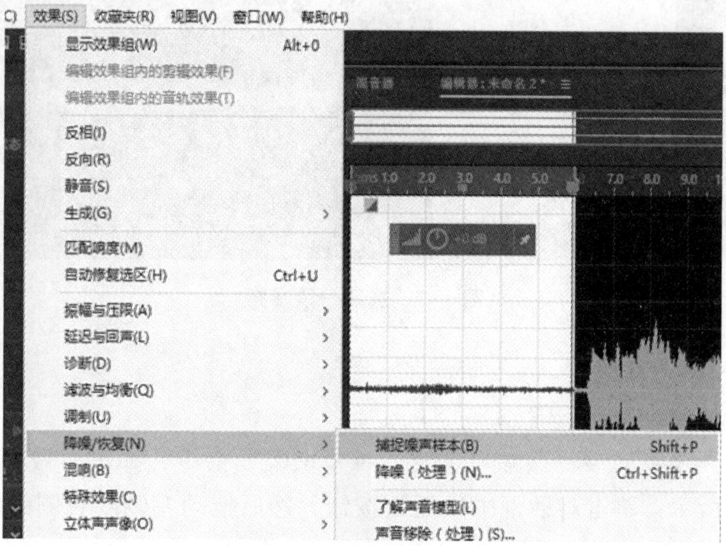

图 3-6　降噪与恢复

（3）关闭降噪器对话框后，按 Ctrl+A 组合键选中所有波形，单击“效果”→“降噪/恢复”→“降噪（处理）”命令，可以看到波形图中已经被删除了信息。通过“预览”，可以试听一下音频效果，如果失真太大则需要利用左下角的“历史记录”回到上一步，重新进行噪音采样。降噪是删除疑是噪声的信息，这往往会损失一部分音频信息。因此需要找到二者的平衡点，进行取舍。

3.3.2.3　单轨界面编辑

处理声道时，一般是对立体声的左右声道同时选取和处理，如果想要关闭一个声道，只选择和处理另一个声道，则单击波形图右侧的按钮和按钮即可。

在轨道的某一位置上按下左键拖动一段距离，拖动的范围就是被选择的范围，这一部分音频波形图会以反向的亮度方式显示，表明已经被选中，如图 3-7 所示。然后选中一段音频波形图，利用组合键 Ctrl+X 完成剪切。剪切完成后就看不到刚才选择的部分音频波形图了，只剩下其他未被选择的部分。这时，重新确定时间刻度位置作为要粘贴的起始位置，利用组合键 Ctrl+V 就可以把剪掉的内容粘贴到新的位置。

在删除或其他操作中产生失误时，使用组合键 Ctrl+Z 就能够进行恢复。

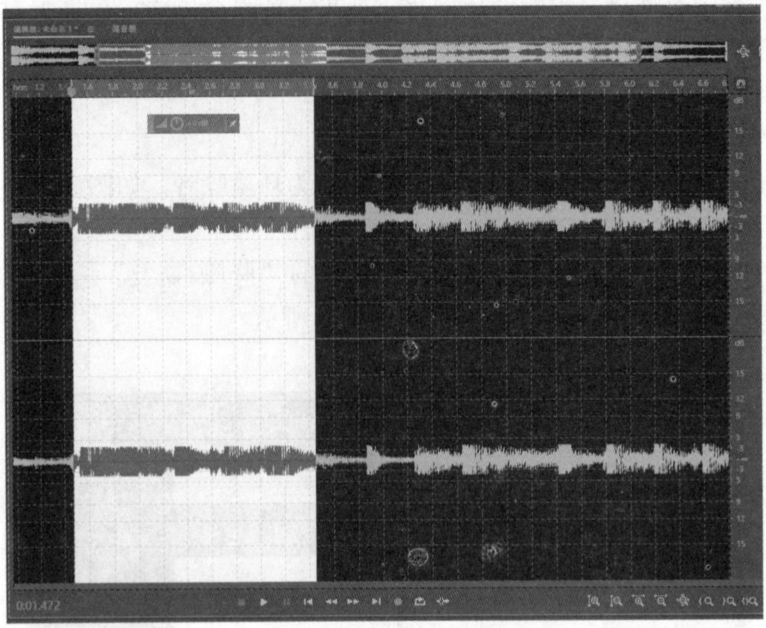

图 3-7　选取一段音频

3.3.2.4　添加音效

（1）音量调整。操作步骤如下：

选择菜单“效果”→“振幅与压限”→“增幅”命令，弹出“效果-增幅”对话框，如图 3-8 所示。单击对话框中的播放按钮，然后拖动左侧或右侧的滑块，增加或减少增益效果，可以试听音量的大小变化情况。

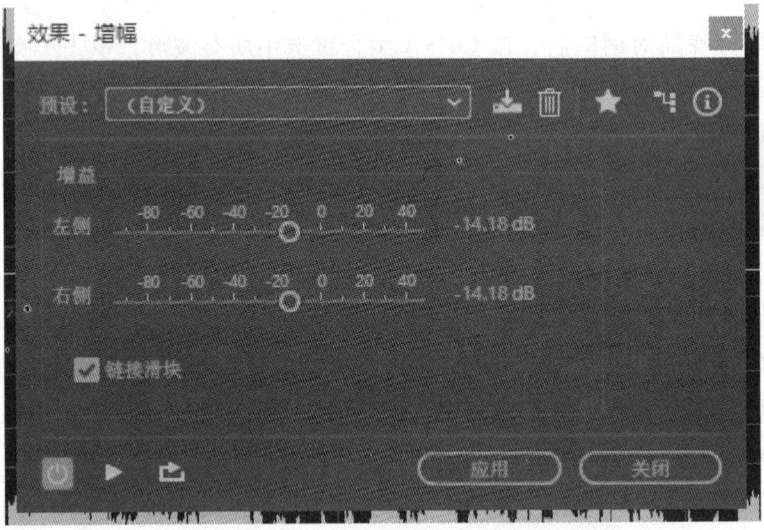

图 3-8　“效果-增幅”对话框

另外，还可以通过波形图上方的快捷功能图标  调整音量的大小，拖动或者输入数字均可调节音量大小。在调节过程中，能够直观地看到波形振幅的变

化，如图 3-9 所示。

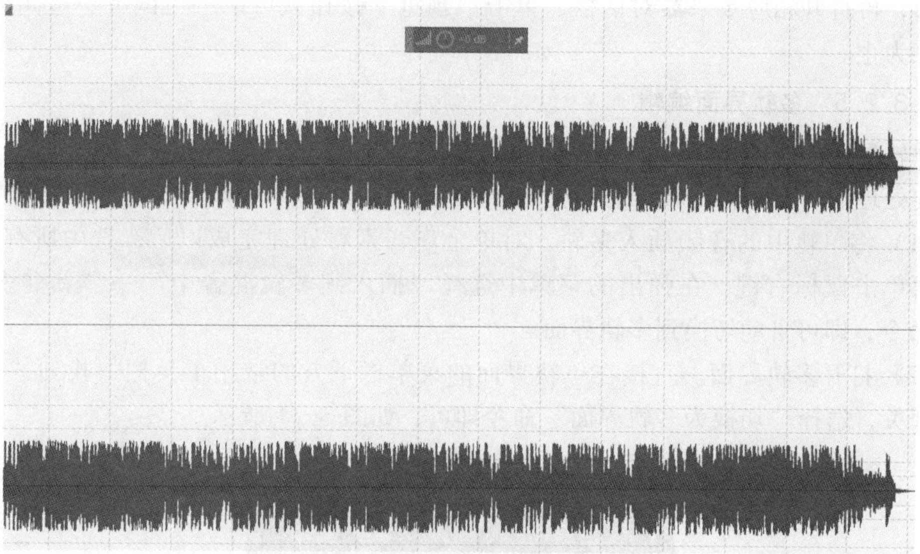

图 3-9　振幅变化

（2）音调调节。如果觉得音调较低沉，可以提升高音使声音变得更加清晰；如果觉得声调偏高，听起来有点儿刺耳，则可以通过降低音调来让它变得柔和一些。操作步骤如下：

选中全部波形（一部分也可以），单击菜单的“效果”→“波形与均衡”命令分别调节波段来完成，如图 3-10 所示。通过适当的调整，随即可以通过“预览”按钮来试听调整效果，边听边调直到满意为止。调整完成后，单击“应用”按钮就可以保存修改。

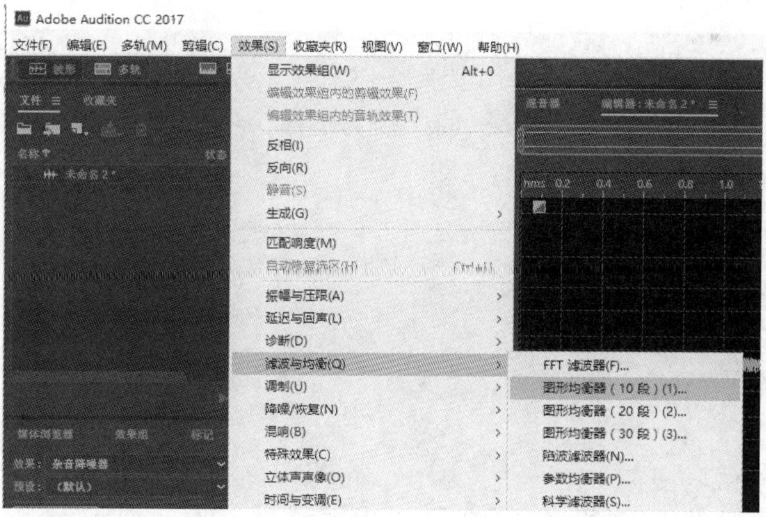

图 3-10　波形与均衡

（3）美化声音。操作步骤如下：

展开菜单“效果”选项，可以看到多个子菜单，如延迟与回声、混响等，通过这些功能可以产生音乐大厅等不同场景的环境效果。应用效果器时，可选中一部分或全部波形，再打开相应效果器对话框，单击“预览”按钮就可以一边试听一边调整，直到满意为止。

3.3.2.5　多轨界面编辑

单轨界面一般用于单个声音素材的编辑与处理，它是系统默认的轨道界面，当我们需要处理的声音素材比较多时，就需要切换到多轨界面。操作步骤如下：

（1）将单轨中的音频插入多轨。对单个声音素材处理完成以后，选中所有波形，然后再单击鼠标右键，在弹出的菜单中选择“插入到多轨混音中”→“新建多轨会话”命令，即可自动切换到多轨界面。

（2）打开多轨界面。直接在单轨界面的菜单栏下方的常用工具栏中找到“多轨”切换开关，选择“切换为多轨界面”命令即可，如图 3-11 所示。

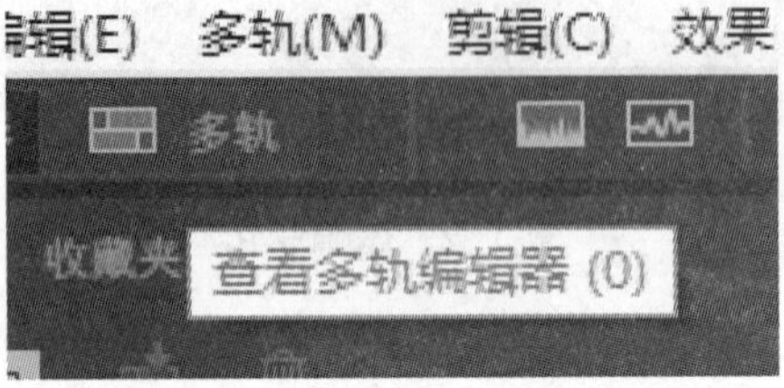

图 3-11　切换为多轨界面按键

多轨界面如图 3-12 所示，看起来和单轨编辑界面差距不大。轨道左侧为音轨控制台，包括音轨的轨道名称、轨道音量大小控制器、录音设备选择控制器、回放设备选择控制器等，另外还可以对某一音轨进行静音、独奏、录音等操作。利用轨道控制器右上方的 M、S、R 三个按钮即可快速完成该轨道的静音（mute）、独奏（solo）和录音（record）等操作。

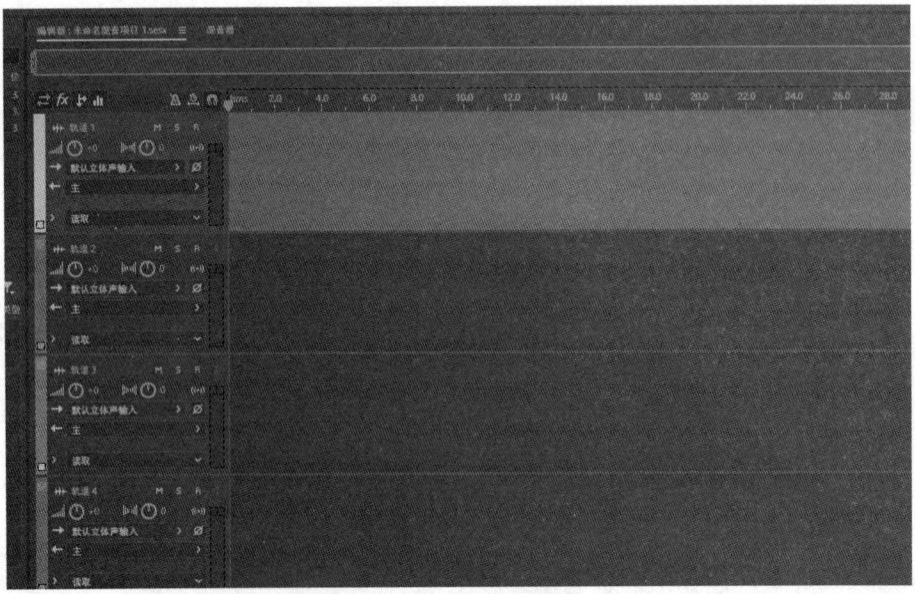

图 3-12　多轨界面

（3）将录制完成的背景音乐导入 Audition，鼠标拖动其至音轨 2，再调整好时间位置。如果需要把某一轨道的音频切换到对应的单轨视图中去编辑，只需双击左键就可以完成。在单轨界面中对素材处理完成后，返回到多轨界面，多轨中对应的轨道素材会自动同步更新。

（4）利用音量包络线可以实现声音的淡入淡出（对一段声音的凸出或隐藏）。换句话说，可以利用音量包络实现对某一轨道上任意部分声音的音量进行随意地控制。具体操作是在音量线上添加多个关键帧，然后拖动这些关键帧，就可以非常轻松地做到对音量的随意控制，这就像有人在准确地控制设备的音量开关一样。图 3-13 就是利用音量包络线实现的对某一部分声音的凸出效果。

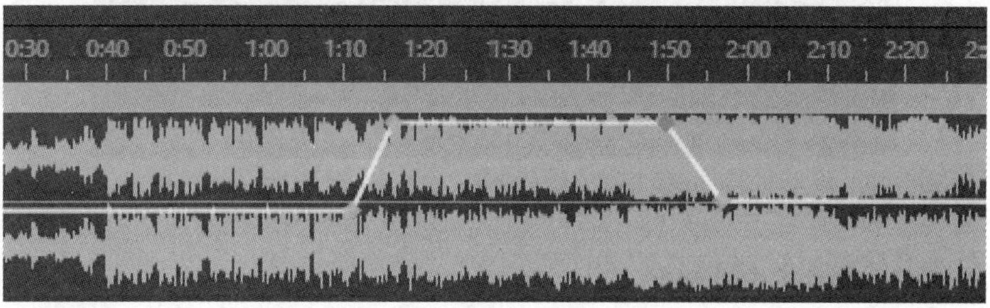

图 3-13　修改音量包络线

声音的相位就是让人感觉到的声音来源。所谓听声辨位就是指的声相，在 Audition 中也称为声像。在 Audition 中通过改变相位，可以实现声音的动态环绕效果。其原理是通过改变左右两个声道的音量大小来调节人能够感知到的声音位置在不断变化。我们可通过在音量包络线上添加关键帧实现修改声像值，从而实现声音的左右声道动态环绕效果。图 3-14 为利用声像包络线加强立体声效果的样例。

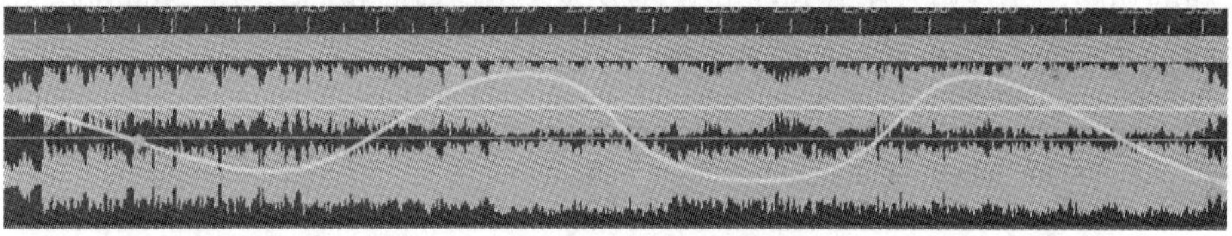

图 3-14　修改声像包络线

对多个音轨进行编辑能够实现一些特殊音频效果，这是属于非常专业的操作，本章不进行深入探讨。

3.3.2.6　合成存储

合成存储的操作步骤如下：

（1）保存为项目。Audition 中对文件的操作是以项目为单位的，直接保存的类型为工程项目，即选择“文件”→“保存工程”命令，通常保存为 sesx 格式。该方式保存的文件后续还可以修改编辑。

（2）合成声音。选择“文件”→“导出”→“多轨混音”→“整个会话”命令，可将正在处理的项目文件导出为一个声音文件。这时打开如图 3-15 所示的“导出文件”对话框，确定文件的名称、位置、格式类型后，就可以单击“确定”按钮完成导出操作。

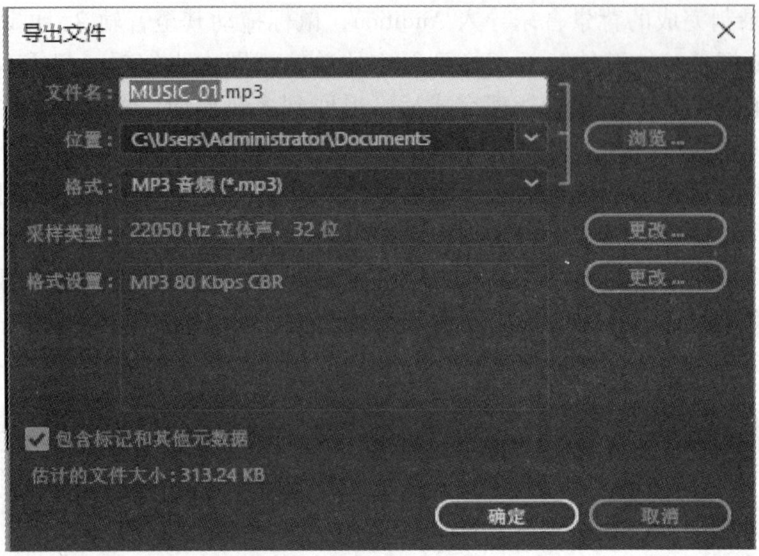

图 3-15　导出文件

3.3.2.7　声音格式的转换

无论采用何种软件制作多媒体课件，能够直接使用的声音格式却往往有限。如可能会遇到声音能够单独播放，但是导入课件却无法正常播放的现象。另外，在课堂上使用的声音，不一定要求达到音乐专业水平，故为了减少文件的体积，易于存储和传输，我们常常青睐那些较小体积的声音格式，如 mp3 就是最受欢迎且普遍适用的格式之一。

解决了以上问题，就需要对音频格式进行转换。音频格式转换除了改变格式之外，还有压缩的功能。实现声音格式转换的软件很多，包括前面我们学习的 Audition。图 3-16 所示的格式工厂也是较为常见的格式转换工具。

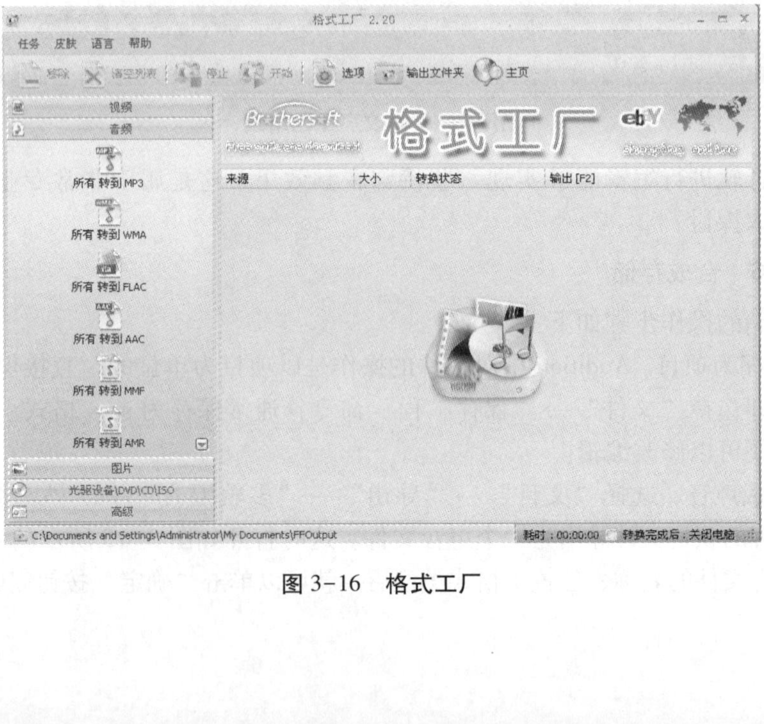

图 3-16　格式工厂

例如，我们需要将一个 wav 格式转换成 mp3 格式，只需要选择“音频”→“所有转到 mp3”命令，打开“所有转到 mp3”格式转换对话框，如图 3-17 所示。

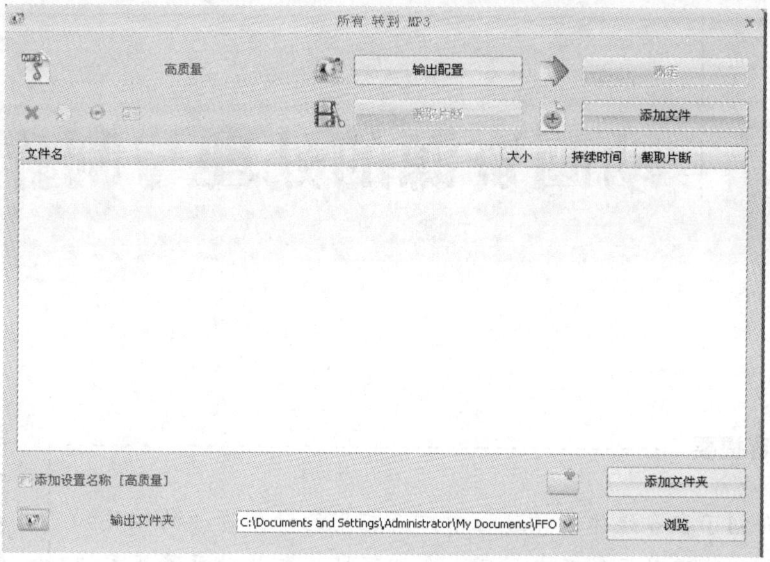

图 3-17 “所有转到 mp3”格式转换对话框

在该对话框中，单击“添加文件”按钮，找到并选定待转换的音频素材文件，设置输出文件的位置，然后单击“确定”按钮，返回图 3-16 所示的格式工厂主界面。在图 3-16 中单击“开始”按钮，格式转换完成后会有声音和文字提示，这时可以在设置好的输出文件夹中找到转换后的文件。

思考与练习

自选一个课题，准备课件所需的音频资源素材。要求做到：

1. 音频资源要符合课程教学内容。

2. 采取不同的方法获取音频素材（自己录制或网络下载），利用 Audition 音频处理软件对素材进行适当的处理。

3. 利用 Audition 的音量包络控制，凸出某一句话或歌词。

4. 利用 Audition 的音像包络控制，实现左右声道不断变化的动态环绕效果。

4 动画资源的处理与制作

■内容提要

本章介绍了在多媒体教学过程中广泛应用的动画资源的相关知识。首先，阐述了动画的基本原理，介绍了帧、矢量动画等基本概念；其次，讲解了二维动画的标准制作过程；最后，集合实践教学，利用动画理论知识，介绍了动画在教学中的运用。本章以Animate软件为例重点介绍了动画资源处理的基本操作，通过实例的方式对动画资源的处理与制作过程进行了深入浅出的阐述。

动画是一种大众化的艺术形式，有着悠久的历史。我国民间的皮影戏和走马灯，可以说是动画的一种古老形式。1831年，法国人Joseph Antoine Plateau把画好的图片按照顺序放在一部机器的圆盘上，并让圆盘低速旋转，圆盘上的图片也随之旋转起来。从这部机器的观察窗口看过去，图片形成动的画面。这就是动画的原始雏形。

当然，真正意义的动画，是在摄影机出现后才发展起来的。迪士尼公司作为当今全球最具规模的动画公司之一，把动画影片推向了巅峰。从1928年至今，迪士尼公司创造出了多部被无数人喜爱的动画片，包括《米老鼠和唐老鸭》《三只小猪》《小飞侠》《木偶奇遇记》《睡美人》等，这些动画片影响着一代又一代的孩子和年轻人。现代科学技术的进步，尤其是信息技术的飞速发展，为动画注入了新的活力。

4.1 动画基础知识

4.1.1 动画原理

动画是通过连续快速播放一系列相关图片，给视觉造成连续的、变化的图画的感觉。这利用的是人的眼睛的视觉原理。医学已经证明，光线在视网膜所产生的视觉映象具有持续性。也就是说，即使在光停止作用后，已经产生的视觉映象仍会持续保留片刻时间，这就是眼睛所具有的“视觉暂留”特性，即当我们看到一个画面后，这种画面视觉效果会在视网膜持续 1/24 秒的时间。

依据不同的标准，可将动画分成不同的类别。从空间的视觉效果来看，可将动画分为二维动画（如《大头儿子和小头爸爸》）和三维动画（如《熊出没》）。从动画制作技术和手段来看，可将动画分为传统动画（画面以手工绘制为主）和电脑动画（画面以电脑制作或拍摄为主）。从动画的交互效果来看，可将动画分为顺序动画和交互动画。一般来说，电视上播放的以故事为主的动画片为顺序动画，教学课件中所使用的更多为交互动画。从播放速度来看，可将动画分为全动画（帧频为 24，这种动画流畅度很高）和半动画（帧频少于 24 幅，画面跳跃性较大）。迪士尼公司为了保证画面观感，一般都是全动画电视电影片。

4.1.2 帧的含义

制作与编辑电影和动画时，都必须掌握“帧”这个关键字。那么，“帧”到底有什么含义或特定的指代呢？

帧——指所有影像动画的单个静态画面。它是影像动画的最小单位，相当于胶片电影中的每一小格的瞬间镜头。根据动画的产生原理，静态图片连续播放就能形成动画，这个播放的速度就是指每秒钟播放的帧数（frames persecend，简称 fps）。很明显，fps 数值越大表示动画的播放速度越快，所显示的动画就越流畅；反之，动画播放的速度越慢，动画流畅度就越差。每一帧的内容不仅包括可见的图片，也包括声音等其他多种对象。

关键帧——指有关键内容的帧，或者说是一个镜头切换为另一个镜头之间的互不相同的画面帧。

空白关键帧——即没有包含舞台上的实例内容的空白的关键帧。

普通帧——表示两个关键帧之间的所有帧，是由电脑自动计算出来的。普通帧可以看见，但不能单独进行编辑，只有通过修改关键帧，让电脑重新计算才能达到修改的目的。

空白帧——即普通帧的特殊情况，其中没有任何内容对象。

在利用电脑制作动画时，尽量使用最少的关键帧形成需要的动画，这样不仅动画过程和思路简洁，还可以减小动画文件的体积。过多的关键帧，会增大电脑计算的压力，还会增加动画运行的负担，甚至会对画面播放流畅度产生负面影响。

4.1.3 矢量动画

矢量动画在计算机中存储的是各种对象的绘制方法、保存算法，而非像素色彩信息。矢量动画与点阵动画通过存储原理以实现节约空间、达到无极缩放的效果不同，它是利用各画面图形的运动变化特征来加载画面变化信息的动画。Animate 创建的 swf 格式动画就是典型的矢量动画。

矢量动画作为一种科技与艺术的完美结合体，具有越来越重要的社会影响与文化特质。由于矢量动画具备不可替代的优势，所以在多媒体教学课件中适当地使用矢量动画，能够减小课件存储空间，从而便于携带。另外，矢量动画对运行环境的要求较低，不会受分辨率的影响而导致画面不清晰。

4.1.4 二维电脑动画制作过程

从视觉感官效果来看，二维动画和三维动画的区别非常明显。二维动画制作对硬件和软件环境的要求比较低，制作速度比较快，形成的动画文件也比较小。二维电脑动画的制作，同样需要经过传统动画制作的步骤。不过，计算机在速度方面具有巨大的优势，所以能够大大简化制作程序，提高制作效率。二维电脑动画制作过程可以参照以下步骤：

4.1.4.1 总体设计阶段

无论动画简单与复杂，都应当有情节、故事、逻辑，即要确定动画的剧本。二维动画的剧本与真人表演的故事片剧本有很多不同。真人表演的故事片动画对人物形象、对话内容都有苛刻的要求，而二维动画尤其是用于教学的动画则应尽可能地减少复杂的对话，要简单直接明了。二维动画更侧重于画面表现，通过视觉效应激发人们的想象，提升教学效果。

4.1.4.2 设计制作阶段

剧本确定后，就进入设计制作阶段。这个阶段需要根据不同的镜头组合或者场景确定需要使用的背景、画面的前景、道具的形式和形状，并完成制作。另外，还需要对出场的人物或其他角色做好造型设计，并根据动画情节的需要绘制出各个人物造型的不同角度的标准页，并提供给其他参与动画制作的技术人员参考。

4.1.4.3 具体创作阶段

（1）制作关键帧。从本质上说，二维动画是由关键帧组成的。关键帧可以借助摄像机、扫描仪等实现数字化输入，对非数字化的关键帧以及背景画面进行数字化处理。比如，可以借助扫描仪的扫描功能把原画（可以是铅笔画、水彩画等）输入到电脑，然后再进行生产流水线的后期制作。当然，也可以直接使用绘图板、绘图笔等硬件设备结合绘图软件绘制需要的场景和画面，如 Photoshop、CDR 等软件。利用电脑直接绘图，对技术人员的要求相对较高，但是相比传统动画优势突出，它可以根据动画制作的需要随时存储、检索，最重要的是可以随心所欲地修改画面。

（2）生成普通帧。动画的关键帧一旦制作完成，那么关键帧之间的连续动作过程就不需要人工绘制了，二维动画软件能够根据两个关键帧的差别进行插值计算，从而自动生成中间过程的普通帧画面。自动生成的中间过程画面非常精确、流畅，因此彻底解放了动画制作人员。

（3）分层制作合成。这是传统动画制作的一个重要环节，对每一帧画面都需要在多层透明胶片上叠加不同的图案而合成最后效果，这样做的目的是保证质量、便于修改和提高效率。但是，在制作过程中对位必须非常精准，稍微发生偏移，画面就会受损而不可用，而且受到透光率的限制，不能叠放太多的透明胶片。一般来说，4 张透明胶片就是极限，要想做复杂的画面层叠十分困难。动画软件就不存在以上限制，首先，层可以精准对位，位置确定的层可以锁定，防止意外修改；其次，只要计算机的内存足够，使用的层数可以随意增加，而且对层的各种控制与操作都非常容易。

（4）着色。动画着色是至关重要的环节。相对传统制作方法，利用软件来着色可以让人摆脱乏味的工序、减少大量的人工成本和颜料。用电脑描线着色界线精准、不需晾干、不会窜色、修改方便，而且不会因层数多少而影响颜色，速度快，更不会出现前后色彩差异的情况。另外，动画软件提供的调色板比传统绘画的调色板更为丰富。

（5）预演。在生成二维动画之前，利用电脑可以对草图和原画进行演示，对动画效果进行检查，以便及时发现问题并进行修改。

（5）图库的使用。我们可以把动画中需要多次使用的各种角色造型或动画过程制作为元件放置到图库中，这样就拥有了动画制作的配件库。一旦有需要，只需从图库中拿出来直接或简单修改就可以使用，从而快速地完成动画的组装。

经过以上这三个基本过程，二维电脑动画即可成型。

4.2　动画在教育教学中的运用

在教学活动中，对于难以理解、教师不易讲解清楚的内容，我们可以考虑利用动画来进行展示。动画具有以下优势：

4.2.1　动画交互性强

动画与视频最大的区别就在于交互性。动画软件一般都具备进行动画控制的交互性脚本语言（Actionscript），掌握动画软件的脚本程序设计，就可以利用它丰富的语言元素，如变量、常量、表达式、运算符、函数、动作、对象及属性来编写脚本程序。

对动画播放的控制可以自定义按钮，为按钮编写简单的脚本程序来进行控制，如为动画指定多个选项，不同的选项导出动画播放的结果不同，让学生参与选择，这能够激发学生的好奇心，充分调动学生学习的积极性。另外，动画还可以赋予设计者极大的想象空间，只要能够想象并设计出来动画剧本，就能制作出对应的动画。这就使教学课件具有很大的可变性，交互性极强。

4.2.2 动画效果丰富

在教育教学中，我们可以根据教学内容，充分发挥想象力，并把这些想象出的场景在电脑中变为现实，成为教学动画。动画比简单的文字描述更为生动与灵活，如要制作古诗《悯农》的教学课件，为了表达诗句“锄禾日当午，汗滴禾下土。谁知盘中餐，粒粒皆辛苦。”的意境，我们就可以考虑制作动画。画面背景为烈日当空，且可以是动态的，还可以配以知了的高声长鸣，从而烘托酷热的夏季气氛。前景是一位农民伯伯弯腰在除草，随着除草的动作，可以看到农民伯伯的汗珠一颗颗滴落在土地上。这时前两句诗缓缓出现，可使效果恰到好处。随后给予插图表现餐桌和米饭，让学生仿佛置身于劳动场景，感受农民伯伯的艰辛，体会“盘中餐”的来之不易，从而表现诗歌的教育意义。又如，在物理课程教学中，对于太阳、月亮、地球三者之间的运动关系，文字难以描述，就可以考虑制作动画，把这三者的运动关系一目了然地展示出来，让学生直观地感受这一神奇的自然现象，真正做到深入浅出。再如，化学课件中的化学反应过程，学生可以近距离观察和体验各种化学反应，甚至看到烟雾、爆炸等特殊现象。当无法直接采用实验的方法来实现时，就可以通过动画进行仿真，一样可以使学生产生直观的视觉感受，从而掌握相应的知识点。

4.2.3 多媒体整合效果好

很多教学活动在进行整体设计时，都需要考虑教学的科学性和趣味性的融合。图片、声音、视频这些资源是多媒体教学课件必不可缺的组成元素，其中动画可以说是集大成者。必要的时候，这些不同形式的信息均可适度纳入动画，使动画更加生动、流畅与多样化，这样更能直观、有效地表达教学内容，传递知识。在动画的制作过程中，综合运用多种方式方法，灵活使用各种素材，合理搭配，不仅可以提高课堂教学的生动性，还能给学生强烈的视听冲击与震撼，从而起到强化记忆、巩固记忆的作用，让学生爱上教学过程的同时深刻地感受知识的奇妙。

4.2.4 动画生成文件小

只要不导入大量的视频，动画文件占用的空间都很小，特别是 Animate 产生的动画，因为最终输出动画文件时对图片、声音的压缩率很高，且生成的动画元件可以重复使用，如果场景和对象采用矢量绘制，体积就能进一步“瘦身”了。另外，Animate 最终生成的 swf 格式文件非常小，这也给整个教学课件的减负起到了很大的作用。由于整个课件、所有教学资源都不会太大，便于携带或进行网络传输，因此把做好的动画课件置于网络上，采用“流式”播放技术，可以做到一边下载一边播放，这对开展网络教学十分有利。

4.2.5 动画兼容性好

前面提到的 Animate 生成的 swf 格式的动画文件是需要播放器的。这种动画文件最大的好处就是可以嵌入其他课件。当然，如果教学课件本身就是一个动画，那就可以生成能够直接运行的文件，不需依赖系统的播放器。很多动画软件（包括 Animate）都具备发布 exe 格式文件的功能，这种文件可以在 Windows 平台（当然也可以发布 MAC 平台的文件）独立运行。动画除了生成 exe 格式的独立运行文件外，还可以发布成为一个网页的形式，直接通过网页浏览器就能够实现动画的观看，这样可以让动画的使用更方便，容易操作。

动画虽不如视频流畅，但因为能够简易且生动、逼真地模拟教学场景、灵活多变，因而广受师生的喜爱。尤其动画制作过程中矢量绘图技术的应用能够让教学资源轻松上阵、丰富的脚本语言能按需产生教学过程所需要的交互性、简洁的使用方法能够有效地配合课堂教学，对于活跃课堂气氛，营造特殊的教学情境都有着不可替代的作用，从而达到寓教于乐，润物细无声的效果。

4.3 动画制作技术

现在有很多用于动画设计的软件可供选择，如三维动画的制作软件有 3DMAX、3Dstudio、Cool 3D 和 Maya 等，二维动画的制作软件有 Retas、Moho、CACANi、Animate、万彩动画大师等，用于移动端的动画制作软件有动画大师、Flipaclip 等。除此之外，还有一些在线动画制作软件可供使用。

4.3.1 常见的动画制作软件

4.3.1.1 Animation Desk

Animation Desk 是一款利用手机制作动画的专业软件。它操作简单，画面简洁，不仅可以制作动画，也可以生成短视频。我们只需进行简单的操作，就能快速地制作出效果丰富、漂亮美观的动画、微课、课件等。Animation Desk App 主界面如图 4-1 所示，制作界面如图 4-2 所示。

图 4-1　Animation Desk App 主界面

图 4-2　Animation Desk App 制作界面

4.3.1.2　Flipaclip

Flipaclip 是一款利用手机制作卡通动画的软件，深受大众喜爱。它提供了很多绘图工具，我们需要利用这些工具一张一张地绘制出图像，再生成动画。它不仅可以制作动画，还可以进行视频的剪辑、制作。利用 Flipaclip 软件创作动态的流程示意图，简单、方便、快捷。该软件一般用于制作需要展示过程的课件、微课。Flipaclip App 界面如图 4-3 所示。

4.3.1.3　万彩动画大师

万彩动画大师是一款免费的制作动画视频的软件，具有操作简单、上手容易等特点。我们只需添加文字、图片、声音、动画、视频等文件，利用它自带的很多模板，就能够轻快地实现制作专业的动画、多媒体课件、微课等。万彩动画大师欢迎界面如图 4-4 所示。

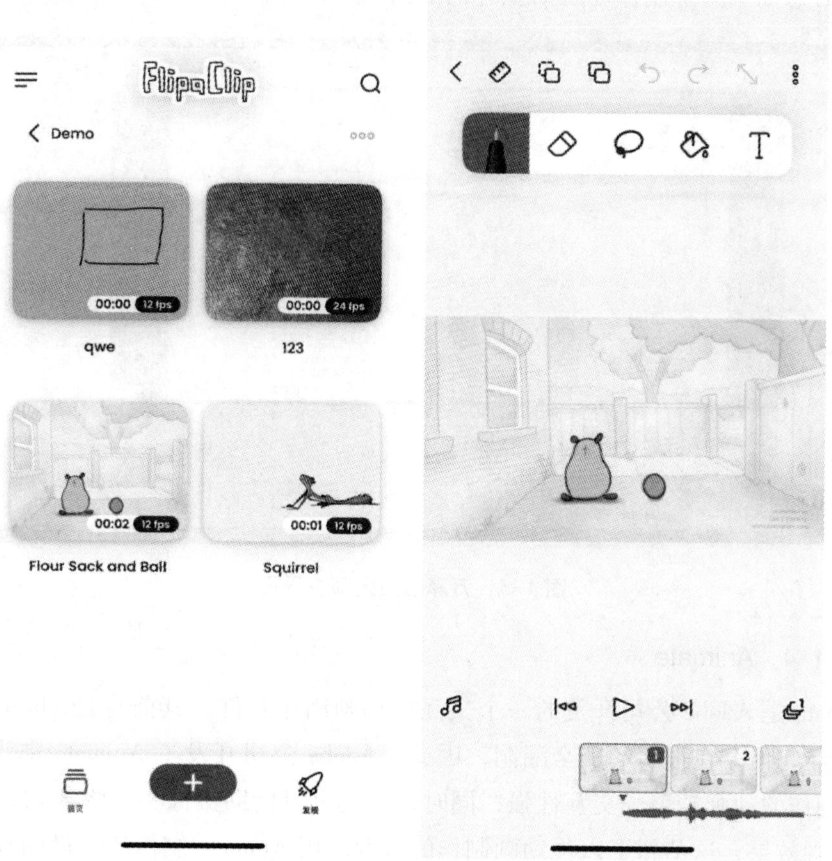

图 4-3　Flipaclip App 界面

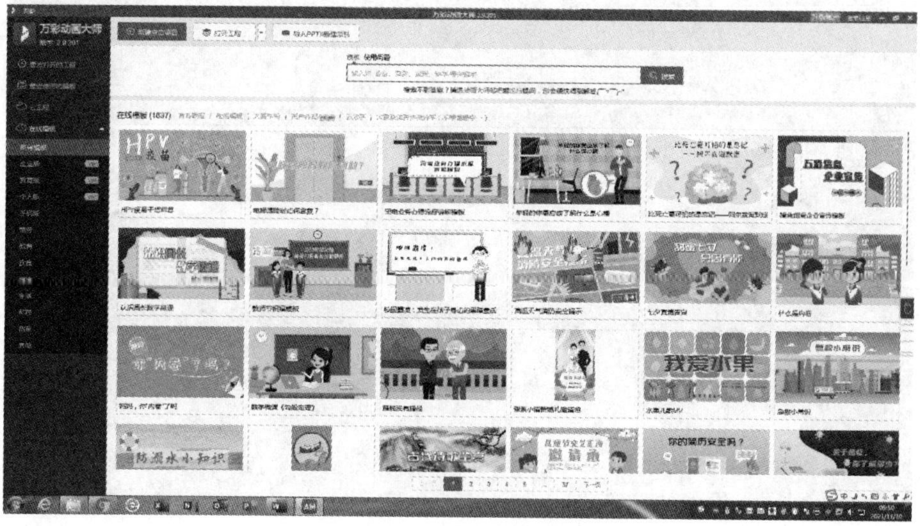

图 4-4　万彩动画大师欢迎界面

利用万彩动画大师制作动画的主界面如图 4-5 所示。

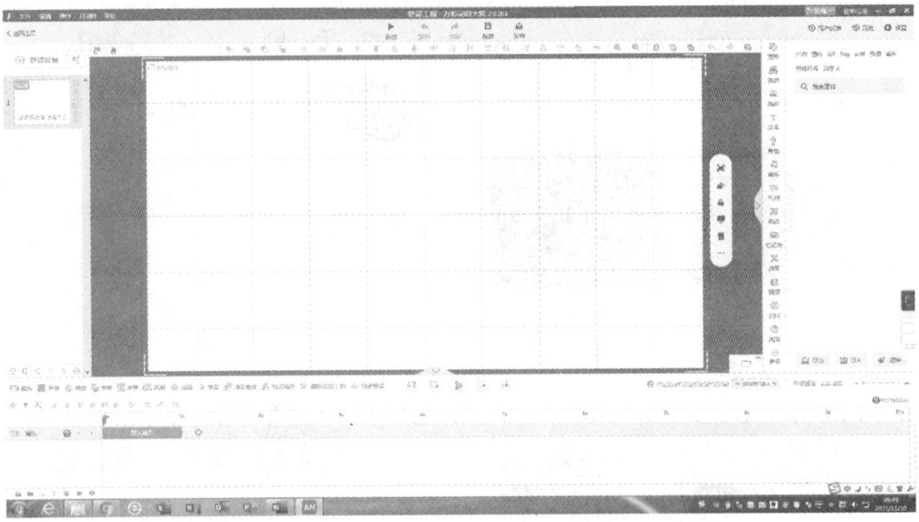

图 4-5　万彩动画大师主界面

4.3.1.4　Animate

Animate 是 Adobe 公司开发的一个交互式动画制作软件，其前身是 Flash。Flash 应用非常广泛，但存在很多的安全漏洞，因此，Adobe 公司开发了 Animate 来代替 Flash。Animate 制作的动画精美、交互性强；同时，它还可以借助摄像头，将人物动作和口型同步成动画效果，这革新了以往动画制作的过程。用 Animate 制作的矢量动画，不管怎样放大、缩小，均可保持高度清晰。Animate 界面如图 4-6 所示。

图 4-6　Animate 界面

4.3.1.5　3D Max

3D Max 是 Autodesk 公司的得力之作，常用于制作和渲染三维动画。此软件功能强大，不仅能够制作各种各样的三维动画，还可以制作影视片的特效，如《X 战警Ⅱ》《最后的武士》等。它操作较简便，上手容易，做出来的动画逼真，具有立体感，因此应用广泛。在教学中，使用它制作的各种立体图形图像，便于学生观察，教学效果好。3D Max 界面如图 4-7 所示。

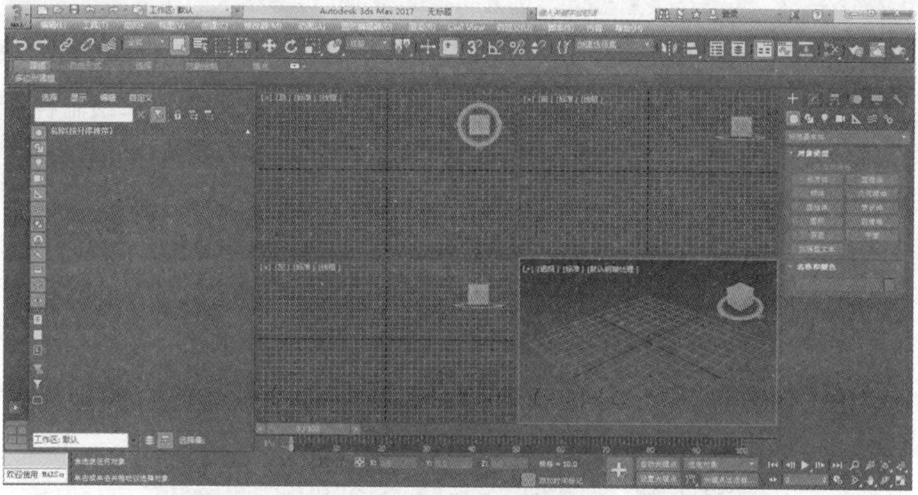

图 4-7　3D Max 界面

制作动画的软件很多，它们都各有特色，因此在实际教学过程中，可根据具体的需要来选择。

4.3.2　动画制作技术

无论是哪个动画软件，在制作时都会有一些原则和技巧。下面，我们以 Animate 软件为例讲解动画制作的基本技术。

4.3.2.1　Animate 界面简介

Animate 2020 版的操作界面主要由以下六部分组成：菜单栏、工具箱、时间轴、场景和舞台、浮动面板和属性面板，如图 4-8 所示。当然，主界面也可以根据自己的偏好自定义设置。

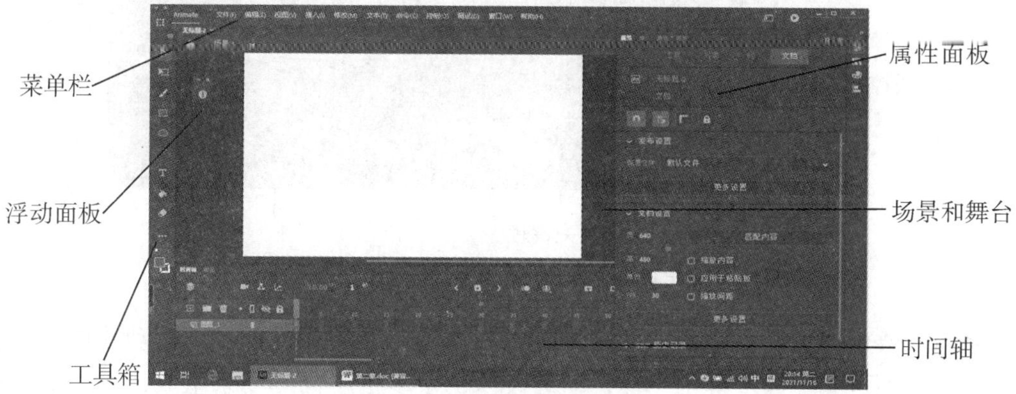

图 4-8　Animate 2020 版的操作界面

菜单栏：Animate 所有的功能和指令都包含在菜单栏中。单击“菜单”后，可以展开下拉处对应的功能子菜单。Animate 的菜单栏依次分为“文件”“编辑”“视图”“插入”“修改”“文本”“命令”“控制”“调试”“窗口”及“帮助”，如图 4-9 所示。

图 4-9　Animate 2020 版的菜单栏

工具箱：所有绘图工具都可以在工具箱里找到。这些工具可以用来绘制各种形状、线条和路径。对于封闭的区域，可以利用工具箱中的工具为其填充合适的色彩。工具箱如图 4-10 所示。

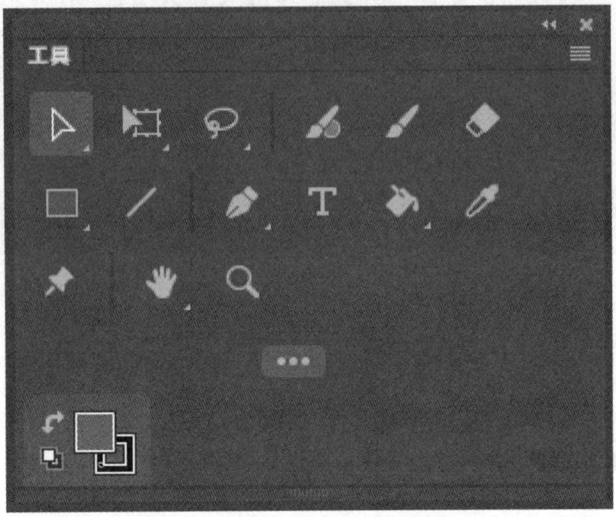

图 4-10　Animate 2020 版的工具箱

时间轴：为了便于画面叠加，Animate 引入了层的概念，且每一层具备对应的时间线。时间轴区域分为左右两部分，左侧为层控制区，可以清楚地看到每一层的名称以及叠加先后顺序，右侧为时间线控制区，如图 4-11 所示。

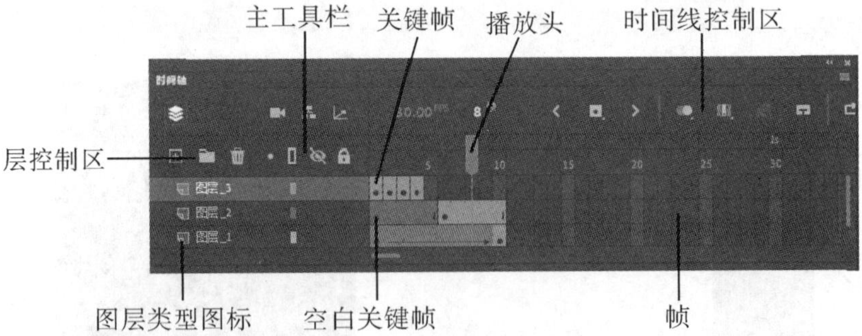

图 4-11　Animate 2020 版的时间轴

场景和舞台：主界面中最大的区域，所有动画元素均在此区域内活动才可见，超出区域则为不可见。像多幕剧一样，动画可以由很多个不同的场景组成，每一个场景都具有一个舞台，有时也不严格区分场景与舞台。这个矩形的舞台区域也是编辑和预览动画时的空间范围。设计者可以在舞台上对应的位置放置和编辑各种图形与动画元素。对舞台的使用一定要有层和时间线的概念，必须清楚元素处在哪个层上以及相应的时间位置。场景和舞台如图 4-12 所示。

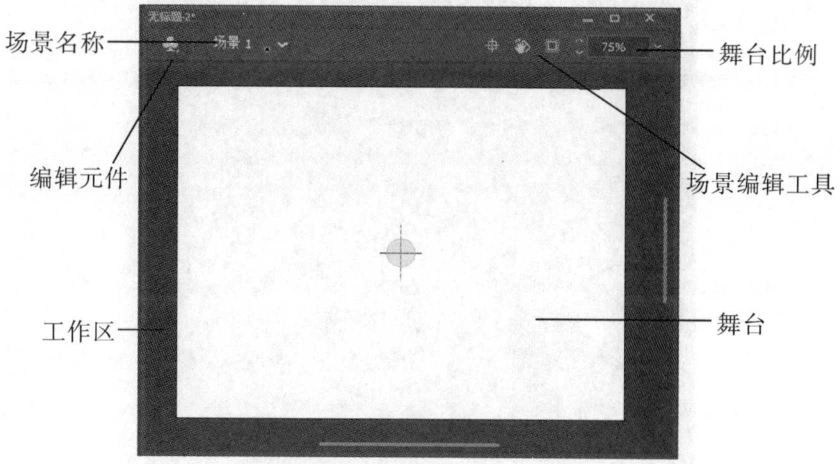

图 4-12　Animate 2020 版的场景和舞台

浮动面板：在平时，浮动面板都是关闭状态，需要使用时，再打开它。使用频率比较高的浮动面板有“颜色”“对齐”“信息”“变形”等。图 4-13 为颜色浮动面板。

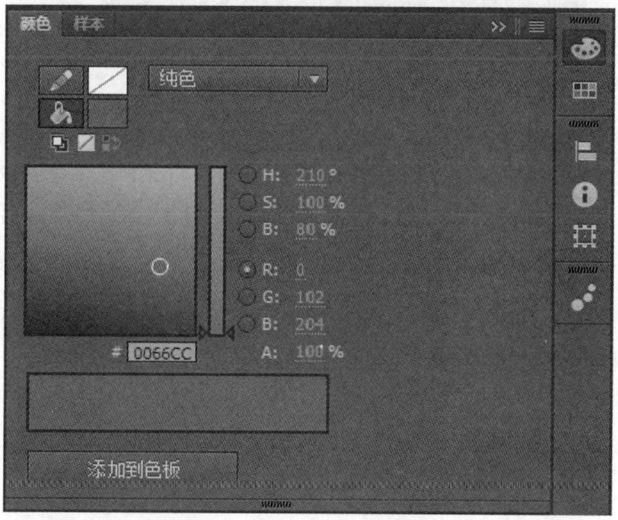

图 4-13　颜色浮动面板

属性面板：对于选定的对象或工具，可以通过属性面板查看和设置它们的属性（有些属性是不可修改的，或要满足一定的条件才可修改），这样就可以简化文档的创建过程。当选定某一个特定对象时，属性面板上会显示该对象的信息和相关设置；如果选定了多个不同类别的对象，属性面板就显示为“混合”对象的文档属性。属性面板如图 4-14 所示。

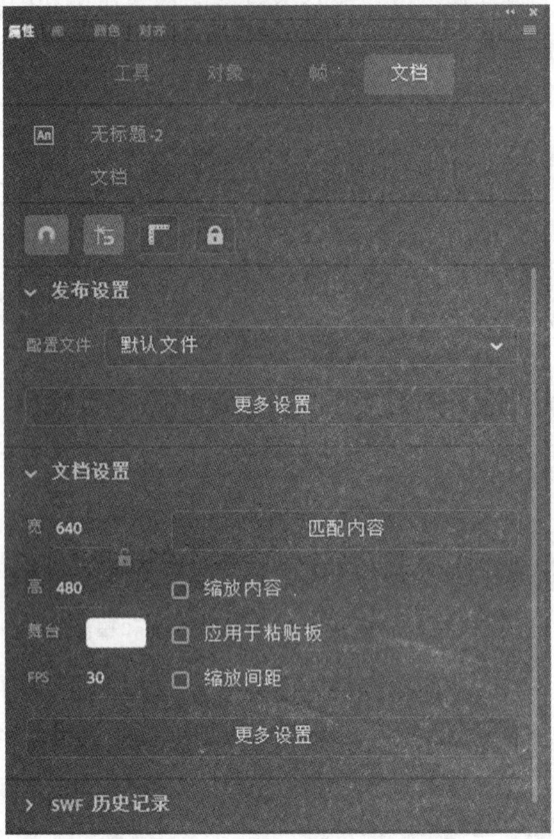

图 4-14　Animate 2020 版的属性面板

可以使用面板查看、组合和更改动画资源。为了不占据过多屏幕空间，保证足够的工作区，Animate 允许用户根据自己的习惯和需要自定义工作区。例如，可以打开和隐藏部分面板，这些面板可以重新组合，也可以根据自己的习惯随意调整大小和移动位置。

4.3.2.2　Animate 基本操作

（1）工具箱

最常用的绘图工具都集成到了工具箱中，默认浮动在左侧。接下来我们对这些工具一一介绍。

①铅笔工具。这是用来模仿铅笔的工具，就像在纸上勾勒铅笔画一样，可以用它在电脑上绘制任意的线条与形状，如果配上绘图笔，完全可以仿真自由铅笔在电脑上创作。绘制线条的过程配合 Shift 键就可以形成垂直或水平方向的直线条。

②钢笔工具。此工具采用了贝塞尔线条计算方法，可以绘制精确的路径，尤其能绘制流畅的曲线。根据创作思路，此工具可以任意设置锚点，通过锚点调整线段的弧度和长度，使线条变得唯美。具体来说，当使用钢笔工具绘图时，单击可以在直线段或曲线段上创建锚点，通过拖动锚点来调整直线段和曲线段；另外，还可以将曲线段转换为直线段，也可以把直线段转换为曲线段。

③线条工具、椭圆工具和矩形工具。这些是最常用的几何形状工具，利用这些工具，可轻松绘制出基本的几何图形。

矩形工具除了绘制标准矩形外，还支持圆角矩形的绘制。在属性面板的“矩形选项”中输入一个角的半径值就可以表明这个角是圆角；默认值为零，代表标准方角。数值的正负代表圆角的方向，这个与在绘制矩形的时候同时按住上下方向键的功能一样，起到调整圆角半径和方向的作用。

绘制椭圆和矩形时，结合 Shift 键来拖动鼠标可以绘制正圆形和正方形，同时按住 Alt 键可以设置绘制的起点是否为中心位置。当使用线条工具时，按住 Shift 键则可以将线条方向限制为倾斜 45°的整数倍。

对于多角星形工具，依然可在属性面板中设置各种调整参数，从而控制多边形的边数、形状以及星形结构的不同形状。

④画笔工具和。Animate 提供了两种画笔工具，可以像画笔一样在舞台中绘制。两种画笔工具在属性面板上提供的参数选项有差异，画出的笔画效果也存在很大的不同。前一种画笔工具是模拟各种形状的刷子，刷子可以是椭圆或排刷，可以选择不同大小的刷子，但不能对选好的刷子修改大小。该工具能够创建特殊效果，就像用排笔写书法字，刷出不一样的样式。后一种画笔工具比较自由，可以在属性面板中根据自己的需要随意修改画笔的样式和大小，还可以使用艺术画笔绘制出各种风格的线条。

⑤选择工具。该工具可以用来选择和移动对象，修改绘制好的对象形状，从而达到变形的效果。绘制的图形对象包括笔触颜色和填充色，可以根据需要在属性面板中设置是否包含填充和笔触。使用选择工具，单击对象的笔触或填充，拖动鼠标就可以起到分离笔触和填充色的作用。若要选择完整的对象，可以在内部双击或用圈选的方法选取对象；如需修改对象的形状，直接将鼠标移动到该对象的边缘后，按下鼠标左键拖动就能看到对象的形状变化。

⑥部分选取工具。选择该工具后在形状边线或某个节点上单击，即可看到该对象所有的节点。鼠标对准某一个节点，鼠标右下角变成空心圆，此时按下鼠标左键并拖动就能够改变曲线的形状；鼠标对准边线，当鼠标右下角变成实心圆时，拖动鼠标即可移动整条曲线的位置。

⑦套索工具。这是一个工具组，包括套索、多边形、魔术棒三个选取工具。根据选择对象的特征，可以灵活选用某一个工具，完成自己的选取工作。这些选取工具的使用方法和 Photoshop 等图像处理软件基本一致。

⑧橡皮擦工具。该工具用来擦除部分填充内容；对于大面积的删除，可以选取后删除。需要注意的是，橡皮擦的设置不在属性面板上，单击橡皮擦工具后，工具栏中就会多出选项，可以选择不同的橡皮擦模式以及橡皮擦大小和形状。

⑨任意变形工具。如果想对绘制好的对象变形，就可以考虑使用这个工具。我们可以用它来对已经存在的对象进行缩放、倾斜、旋转和扭曲等多种变形操作。利用任意变形工具单击对象，就可以看到对象周围的矩形框，拖拽边线或节点就可以变形；

也可以单击对象，鼠标对准边线或节点直接变形。

⑩墨水瓶工具。该工具不能直接用来绘制形状，但可以用来修改绘制好的线条或者形状轮廓的颜色、宽度和样式。需要注意的是，直线或形状轮廓不能使用渐变色或位图，只能使用纯色。借用墨水瓶工具，能轻松实现多个对象的笔触颜色一次性修改。对于墨水瓶工具的使用，需要设置对应笔触的样式和宽度，只需单击对象就可以轻松实现其边线颜色瞬间修改。

⑪颜料桶工具。与墨水瓶工具不同，颜料桶工具是用于更改区域内部的颜色，它可以用来填充完全封闭的区域和未封闭的区域。尽管此工具可以填充具有微小缺口的未封闭区域，但建议尽量用来填充封闭区域，否则可能带来不必要的工作量。颜料桶工具可以使用纯色、渐变色或图片来填充。需要说明的是，如果想用图片来填充，需要在“窗口/颜色”中选择位图，并设置好图片，这时就可以看到油漆桶的颜色为图片的缩略图，再用颜料桶就能实现图片填充。

⑫滴管工具。滴管工具相当于格式刷，用来为一个对象复制其他对象的属性，使得两个对象的颜色、笔触形状变成相同的，即滴管工具从一个对象吸收填充和笔触属性，之后再把滴管里吸收的样式点滴到其他对象，这样其他被点滴的对象立刻就改变了属性。使用滴管工具时，请注意吸收和点滴两个动作时鼠标的形状变化。

⑬文字工具。该工具用来输入文字，可以对文字的字体、大小、间距、颜色、对齐方式、间距、超级链接等属性进行设置，还可以在滤镜选项中添加各种风格的滤镜。

⑭骨骼工具。使用骨骼工具实际就是模仿骨骼关节的转轴效果，即骨头之间链接的位置可以让两个骨头转动。制作骨骼动画必须要把模仿骨头的对象做成原件，然后利用骨骼工具在多个充当骨头的原件上单击产生关节（只有一个对象是没有意义的），这样在图层面板中就自动生成了骨架层。只需要把骨架层延长（不是插入关键帧），在最后一帧用骨骼工具旋转某一个骨头对象，就可以看到骨骼动画。比如，制作一个人物行走，就需要把人的身体做成几个对象，每个对象之间的链接处用骨骼工具链接，最后再调整各个骨头的转动形状，这样就可以产生走路的效果了。

⑮宽度工具。该工具只能对线条起作用。它能将线条的某一部分拉成任何想要的宽度，可用它来绘制树叶、漏斗、蘑菇等形状，也可以用它制作出很多复杂的具有创意的动画效果。

⑯3D 旋转工具。该工具主要用于制作三维旋转或移动动画效果。用来制作 3D 旋转的元件类型应当设置为影片剪辑。关键帧动画用此工具后会发现对象具有了三维属性，可以分别或同时使 x、y、z 轴旋转一定的弧度，从而制作立体旋转效果。

⑰摄像头工具。通过摄像头工具可对画面进行缩放、平移和旋转等操作，从而使动画画面深度感加强，画面更立体。

Animate 会根据当前使用的绘图工具类型，动态显示工具或对象“属性”面板，以方便用户快速地对工具的参数进行设置。例如，选择文字工具后，“属性”面板自动变成了文本工具的属性，以便用户对文字的各种样式进行设置。

（2）帧的基本操作

在 Animate 动画制作中，必须建立“帧”的概念。在时间轴上，当前的位置就是当前帧。Animate 最大的特点就是能够根据关键画面的差异，通过插值运算产生中间过程的帧。帧主要包括关键帧、空白关键帧、空白帧、普通帧等不同类型。

关键帧是指一组画面中起关键变化的帧，一般用在一段动画的两端，电脑根据关键帧来产生中间的普通帧。从时间轴上可以看到，关键帧表现为带实心圆点的小方格。空白关键帧是一种特殊的关键帧，这种帧的画面里没有任何内容，时间轴上表现为空心圆圈的小方格。普通帧在时间轴上显示为灰色填充的小方格。

在时间轴上插入一个关键帧，Animate 会把前面一个关键帧的全部内容自动复制到两个关键帧之间的普通帧上，也就是说，两个关键帧之间的所有帧的内容完全相同。对前一个关键帧内容的修改，会导致这两个关键帧之间的全部普通帧自动被修改，第二个关键帧不受影响。如果在一个关键帧的后面插入普通帧，则只能起到延续前一个关键帧的作用，即延长动画的时间。对普通帧的修改，实际是对前一个关键帧的修改，势必导致从当前帧至前面一个关键帧之间的所有帧均被修改。插入空白关键帧时，如果该帧后面有普通帧，则起到清除该帧至下一个关键帧之间全部内容的作用，增加内容的影响范围也是如此。

注意，如果添加动作脚本，请在关键帧和空白关键帧上实施。

关于帧的基本操作有以下四种情况：

①添加帧。在新建动画层的时候，该层的第一帧默认是一个空白关键帧。如果把唯一的关键帧清除后，时间轴上该图层没有任何帧，这时是不能在舞台上绘制任何对象的，因为舞台是基于某一帧存在的。若需要在自己确定的时间位置添加帧，只需要在鼠标右键菜单中选择一种需要的类型帧即可完成。

②插入帧。要在一个已经存在的帧之前插入一个新的帧，其方法和添加帧的方法相同。

③清除帧。这与删除帧的作用是不同的。删除帧很容易理解，即将时间轴选中的帧删除后就没有这些帧的存在了。清除帧的作用是把选中帧的内容全部删除，这时选中部分的第一帧会变成空白关键帧。当然，如果选中的帧不连续，则会产生多个空白关键帧。清除帧和删除帧的操作均可以在右键菜单中完成。

④移动帧。移动帧的操作方法很简单，只需选中需要移动的帧，然后直接用鼠标左键拖拽即可实现帧的移动。

（3）图层

图层和视频软件的轨道一样，其作用原理和 Photoshop 相同。我们可以把一个图层看作一张透明的塑料片，位于上一图层中的对象会遮盖住下面图层中同一位置相同大小的对象，下面图层中的对象也可以透过上一图层的空白区域显露出来。单一的图层通常只能制作比较简单的动画，稍微复杂的动画则需要多个图层来实现。如果要让多个对象同时开始不同规律的运动，通常需要将它们分别放置在不同的图层中。下面介绍一些图层的基本操作。

①修改图层状态。每个图层除了有自己的图层名称外，还有四个可以操作的按钮，

用来改变图层状态。其中，铅笔符号可以实现图层的全部选择或取消；是用来“显示/隐藏”图层中所有内容的按钮；是“锁定/解锁”按钮，可以用来临时保护暂时不用修改的图层，以防被无意修改而破坏已经完成的效果；是“显示图层轮廓”按钮，通过该按钮的使用，可以只显示图层中所有对象的轮廓，填充色则被隐藏。

②插入图层。除了新建文件时自动创建的一个图层外，往往需要随时添加新的图层。在已经存在的图层的右键菜单中选择“插入图层”，或者在时间轴面板中单击“新建图层”按钮，就可以添加一个新的图层。如果新建图层与已有图层的上下顺序不符合要求，直接用鼠标拖拽的方式就可以完成调整。

③删除图层。对于不打算保留的图层，可以在右键菜单中选择“删除图层”来删除图层，或者选中图层后，单击在图层面板中的删除按钮。

④修改图层名称。制作动画时可能需要使用多个图层，为了确保思路准确，养成规范命名的习惯是必需的。修改图层名称的方法很简单，双击图层名称就可以输入新的名称，也可以通过双击图层名称前的白色按钮来完成。需要注意的是，双击图层前的白色按钮会打开本图层的属性对话框，如图 4-15 所示。

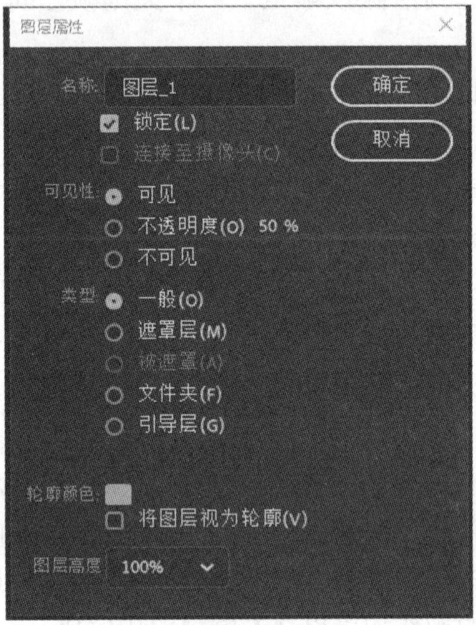

图 4-15　图层属性面板

由图 4-15 可以看出，该对话框除了修改图层名称外，还可以设置图层的五种类型：

①一般。默认的普通图层，使用最为广泛。

②遮罩层。遮罩层是指用来对下层进行遮罩的图层。作为遮罩的这一个图层就好像一扇窗户，透过这扇窗户才可以看到下层的对象，而看见的效果受到本层窗口的形状、运动状态以及下层运动的影响从而产生特殊的效果，窗口之外的部分将被遮蔽而隐藏起来。

③被遮罩。它用来展示被遮罩后露出的内容，位于遮罩层的下方。

④文件夹。如果动画使用的图层太多，为了更清晰地管理，往往需要在图层上建

立文件夹，把图层分类置于文件夹中，起到分组管理的作用。文件夹展开或折叠不影响图层内容的显示。

⑤引导层。引导层用来存放引导路径。这种特殊图层中的内容不会在最终结果中显示，它的作用是让下一层被引导的对象按照约定的路径进行复杂的运动。

(4) 库

把需要重复使用的元件放置在一个地方，这就是“库”。在 Animate 中，这个“库”就是存放元件的仓库。在“窗口”/“库”中，可以看到制作好的各种元件，如图 4-16 所示。

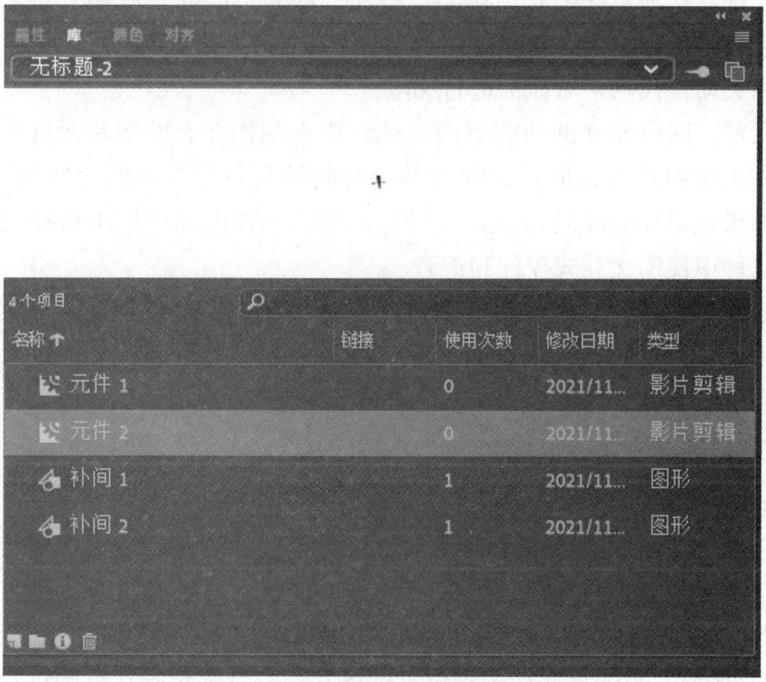

图 4-16　库面板

库面板底部左下角存在四个功能按钮：

①新建元件。它可在库中创建一个新的元件，通常可以创建“图片”“按钮”“影片剪辑”三种类型的元件。

②新建文件夹。它与层文件夹的功能相似，起到分类整理元件的作用。

③属性。选中某个元件后，通过该按钮就可以打开“元件属性”对话框，对元件的名称和类型进行修改。

④删除元件。对于不想保留的元件，可先选中该元件，然后单击此按钮，即完成删除操作。

(5) 元件

直接在舞台上绘制的各种形状被称为实例。这种对象无法重复使用，如果需要在多个地方使用，就得重复绘制，这个过程不仅耗时耗力，而且会让动画文件越来越大，不好控制。元件可以把对象定义下来，实现无限次的重复引用。这样可以使文件占用的存储空间小，最后输出的动画在播放、传输时就能够轻装上阵。

我们可以把元件看作一个动画，每个元件都有自己的时间轴。在这个独立的时间轴上，可以有自己的关键帧、普通帧，也可以有多个图层以及各种类型的图层。元件中还可以引用其他的元件。接下来看看 Animate 的三种元件类型：

①影片剪辑元件。此类型元件本身可以是一段动画，它有自己的时间轴，可以不受主影片时间轴的影响而独自播放。也就是说，如果你试图制作的元件本身是一个影片片段或动画，那么在制作元件时就应当选择影片剪辑类型，以便在元件内使用声音、控件或其他元件。

②按钮元件。这种元件用来制作动态按钮，依靠不同的关键帧变化来接受用户鼠标的动作。它具备鼠标按下、松开、经过等不同状态的关键帧，可以为指定按钮的不同状态设置相关动作代码来对鼠标进行响应。

③图形元件。图形元件的功能有限，往往用来制作静态的图片元件，也可以在图形按钮中制作关键帧动画，但是这种类型的时间轴是与主影片的时间轴同步运行的。也就是说，如果主影片的时间长度比元件短，那么元件的动画则不会播放完整，而且不能在图形元件中使用交互式控件和声音。

已经创建好的元件是允许重新修改的，但要注意，修改会导致所有应用该元件的实例无一列外地自动更新。只需要在“库”面板中双击某个元件就能进入该元件的编辑状态，或者单击右键，再选择“编辑”，也能够进入元件的编辑界面。

4.3.2.3 Animate 动画制作实例

（1）运动动画

动画是连续、快速地播放一系列图片给视觉造成的错觉。在制作传统动画时，每一张图片都需要进行制作，无疑会产生巨大的工作量。那么有没有一种方法，既可以快速制作动画，又能占用较少的工作量呢？Animate 就是在这种前提下诞生的。使用 Animate 制作动画时，只需要制作关键位置的图片，其余的位置让电脑计算生成，这样就大大减少了工作量。

现在，我们利用关键帧的方法来制作动画。

要制作的动画只有位置上的移动时，这种动画叫作运动动画。操作步骤如下：

①运行 Animate 2020 软件，在弹出的窗口中选择“文件”→“新建”选项，就可以打开如图 4-17 所示新建窗口。

②在新建窗口中，选择“标准”→“创建”选项，即可新建一个文件。

③选择工具箱中的“椭圆工具”，再选择右边的“属性”面板，在打开的属性窗口中，在“颜色和样式”栏中选择“笔触”，挑选一种颜色，此为圆边框颜色；选择“填充”，挑选一种颜色，此为圆内填充颜色。在“舞台”中按住左键不放拖动鼠标，就可以看到绘制出来一个圆，拖动时可以按住“Alt+Shift”组合键看看有什么不同。

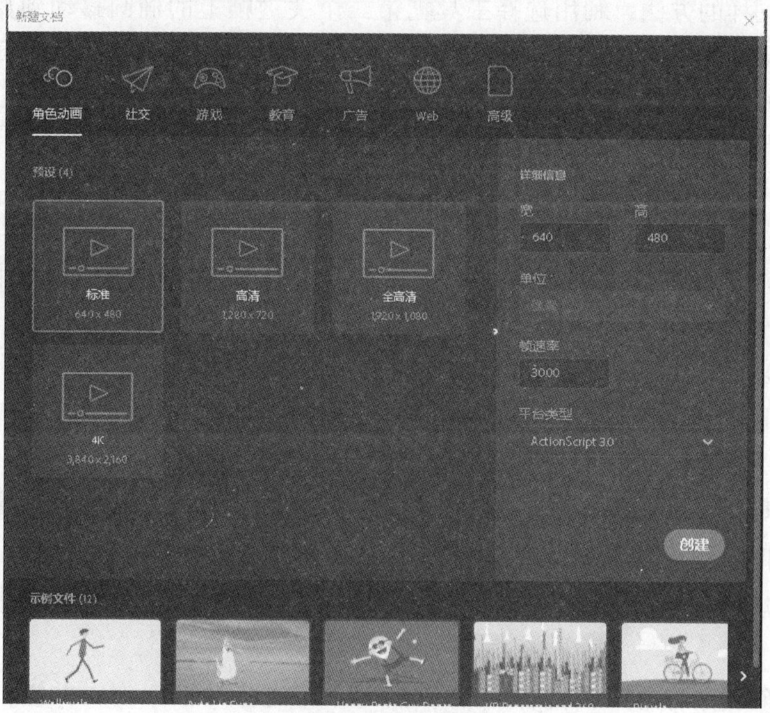

图 4-17　新建窗口

④使用工具箱的第一个工具，即“选择工具▷”，移动椭圆到工作舞台的左边。

⑤在时间轴上找到第 50 帧的位置，单击鼠标右键，在弹出的菜单中单击“插入关键帧”选项，如图 4-18 所示。这时就完成了第二个关键帧的插入，观察时间轴的变化情况。

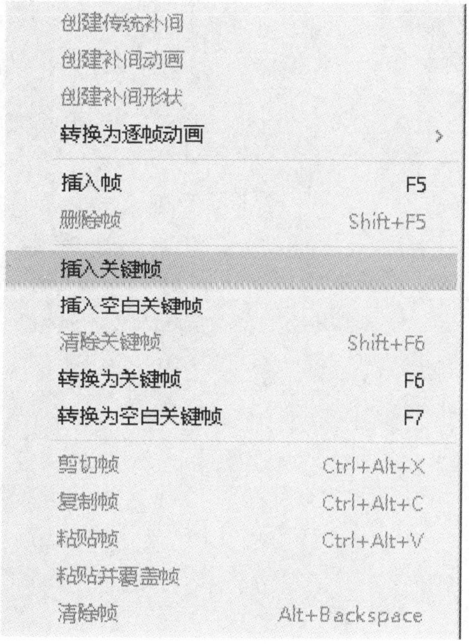

图 4-18　右键菜单

⑥采用同样的方法，利用选择工具把第二个关键帧上的椭圆移动到舞台的右侧，使得两个关键帧的画面上椭圆位置产生差异。先后单击两个关键帧比较一下。

⑦选择时间轴上第二个关键帧之前（1 到 49 帧）的任意一帧，单击鼠标右键，在弹出的快捷菜单中选择“创建传统补间”。注意观察，Animate 自动把对象转换成了元件。完成后，请观察时间轴上普通帧的变化情况。

⑧至此，就完成了一个运动动画的制作。预览结果有多种方法，可直接按回车键观看动画播放；也可以使用菜单“控制”→“测试”来播放动画；还可以按“Ctrl+Enter”组合键来播放动画。

（2）形状渐变动画

如果想制作形状或颜色改变的动画，就要使用形状渐变动画。操作步骤如下：

①新建一个文档。

②在工具箱中单击“矩形工具”按钮，然后在“属性”面板栏“笔触”中挑选一种边框颜色，再选择“填充”，挑选一种填充颜色。在工作舞台中用鼠标拖动的方式创建一个矩形。如果位置不合适，可以利用工具箱“选择工具”移动它的位置。

③在时间线上右击第 50 帧，在弹出的菜单中选择“插入空白关键帧”（或选择“插入关键帧”，然后把该关键帧的内容全部删除）。

④单击工具箱的“文字工具T”按钮，在文字对象的属性面板中分别对“字体”“大小”“颜色”等属性进行设置，如图 4-19 所示。然后，在舞台上单击左键，输入文字“变形测试”。

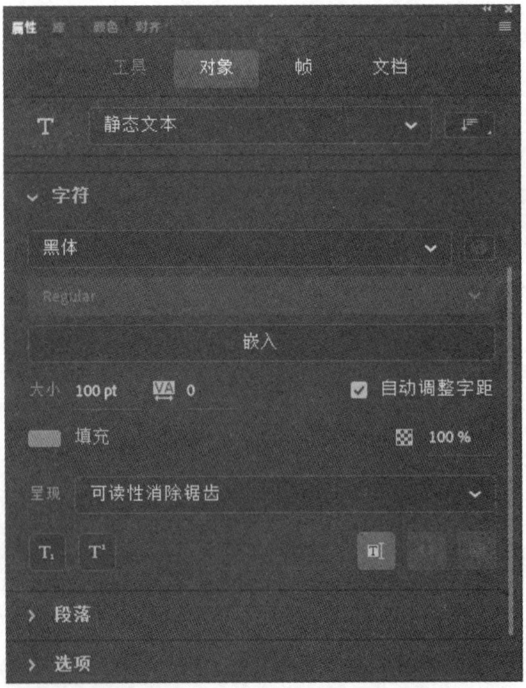

图 4-19 “文字工具”属性面板

⑤文字必须打散后才能够制作变形动画。使用菜单“修改”→“分离”命令就可以打散，再重复一次。也可以使用“Ctrl+B”组合键两次完成打散。

⑥选择时间轴上第二个关键帧之前（1 到 49 帧）的任意一帧，单击鼠标右键，在弹出的菜单中选择“创建补间形状”。注意观察，会发现时间轴上普通帧的变化情况。

⑦至此，就完成了一个形状渐变动画的制作。

（3）逐帧动画

从时间轴上观察，如果动画全部由关键帧组成，这就叫逐帧动画。由于每一帧都需要用户自己制作，不能自动生成，所以逐帧动画较为繁琐，但是其比补间动画具有更大的灵活性。下面我们就以汉字“人”的书写过程为例，来讲解逐帧动画制作的基本要领。操作步骤如下：

①新建一个文档。

②单击时间轴上的第 1 帧，完成该帧的选择，然后单击工具箱中的“文本工具”选项，继续设置“字体”为“楷体”,“大小”为 260 像素,“颜色”为“红色”，设置完后在“工作舞台”中输入汉字“人”。

③利用“选择工具”，将文字拖动到工作舞台的中央位置。

④工作舞台上选中文字“人”，并单击右键，在弹出的菜单中选择“分离”，将文字打散。

⑤右键单击时间轴上的第 2 帧，在弹出的菜单中使用“插入关键帧”。选择“工具箱”中的“橡皮擦工具”，在属性面板中设置“橡皮擦类型”为方形、大小为“20”。在工作舞台上将“人”字擦除一角，如图 4-20 所示。

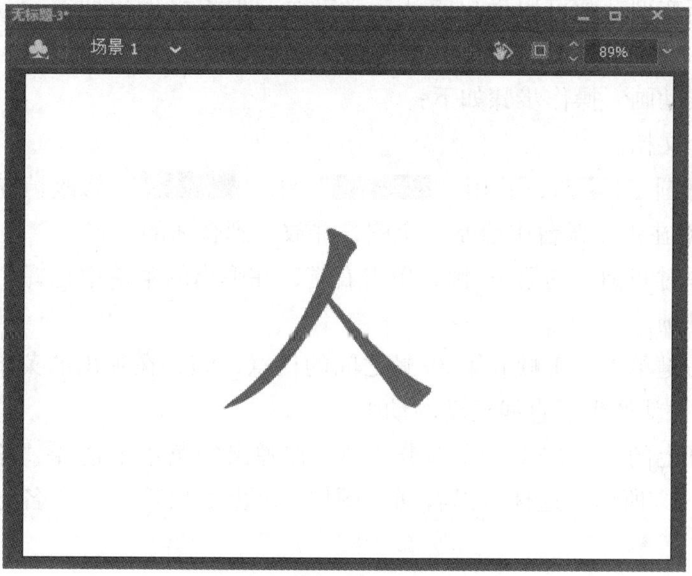

图 4-20 擦除一角的“人”字

⑥选中时间轴上的下一帧，插入关键帧，利用步骤⑤的方法将“人”字再擦除一角，如图 4-21 所示。

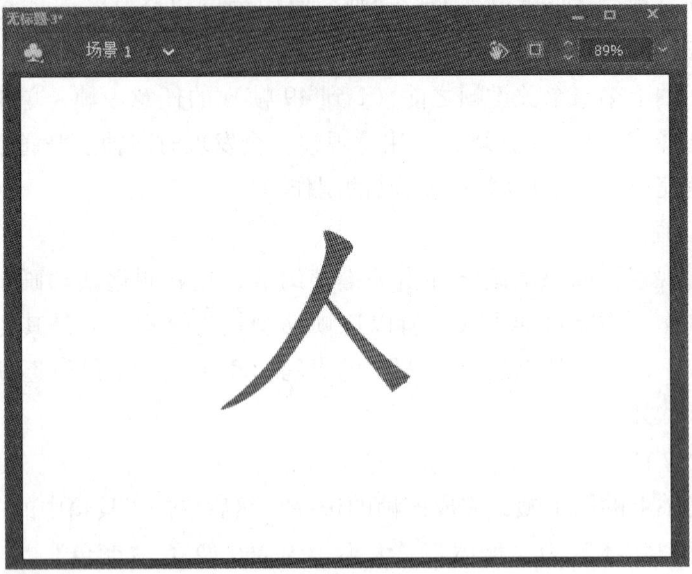

图 4-21　再擦除一角的“人”字

⑦重复步骤⑥的操作，直至第 16 帧将文字全部擦除。

⑧在时间轴的关键帧上单击右键，在弹出的菜单中选择“选择所有帧”，将所有帧全选；再次在关键帧上单击右键，在打开的菜单中选择“翻转帧”，将所有帧顺序翻转。

⑨至此，“人”字书写的逐帧动画制作完成。

（4）引导线动画

运动型和渐变型动画可以做出直线运动动画，但不能做出曲线运动动画，如果要让对象按照某一个路线做曲线运动，就只能考虑引导线动画。下面以一个小球的跳跃为例制作引导线动画。操作步骤如下：

①新建一个文档。

②选择“椭圆工具”，并用“填充”和“笔触”修改填充色和边框色颜色。结合 Shift 键在工作舞台中绘制一个圆，并放置到合适的位置。

③单击选中时间轴上的第 40 帧，单击右键，在弹出的菜单中选择“插入关键帧”，形成第二个关键帧。

④用鼠标右键单击第 1 帧和第 39 帧之间的任意一帧，在弹出的菜单里选择“创建传统补间”，这样就产生了直线运动的动画。

⑤在时间轴上的“图层 1”处单击右键，在弹出的菜单中选择“添加传统运动引导层”，如图 4-22 所示。这样可以看到“图层 1”上面出现了一个名为“引导层”的新图层。

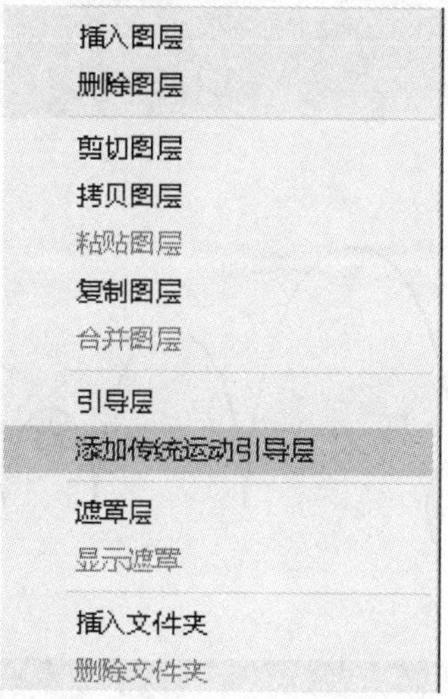

图 4-22　图层右键菜单

⑥单击“引导层”的第 1 个关键帧，再单击“椭圆工具”，绘制之前先设置其“填充”为无填充色，“笔触”为黑色，在舞台上随意画一椭圆，再用“橡皮擦工具”擦除一半。

⑦把这半个椭圆复制后多粘贴几次，最后将它们首尾连在一起。再利用“任意变形工具”，将这些椭圆进行大小调整，形成不规则的曲线，如图 4-23 所示。

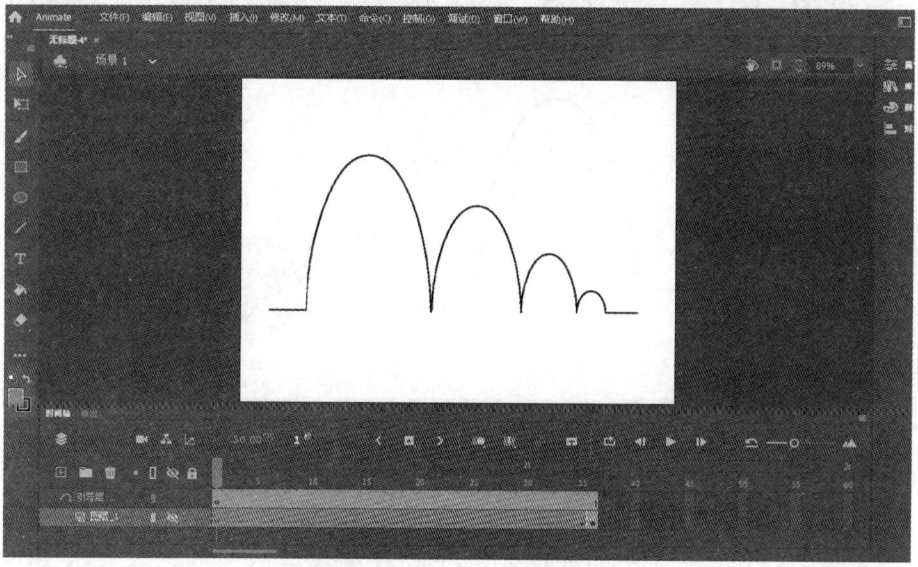

图 4-23　引导层最终效果

注意，路径一定要连通，不能有断开的地方，否则引导线动画不能产生。

⑧回到图层 1，单击第 1 帧，拖动小球，将其放在曲线的起始点，注意观察其吸附效果，如图 4-24 所示。再选择图层 1 的第 40 帧，把小球拖动放在曲线的结束点，同样会看到吸附效果，如图 4-25 所示。

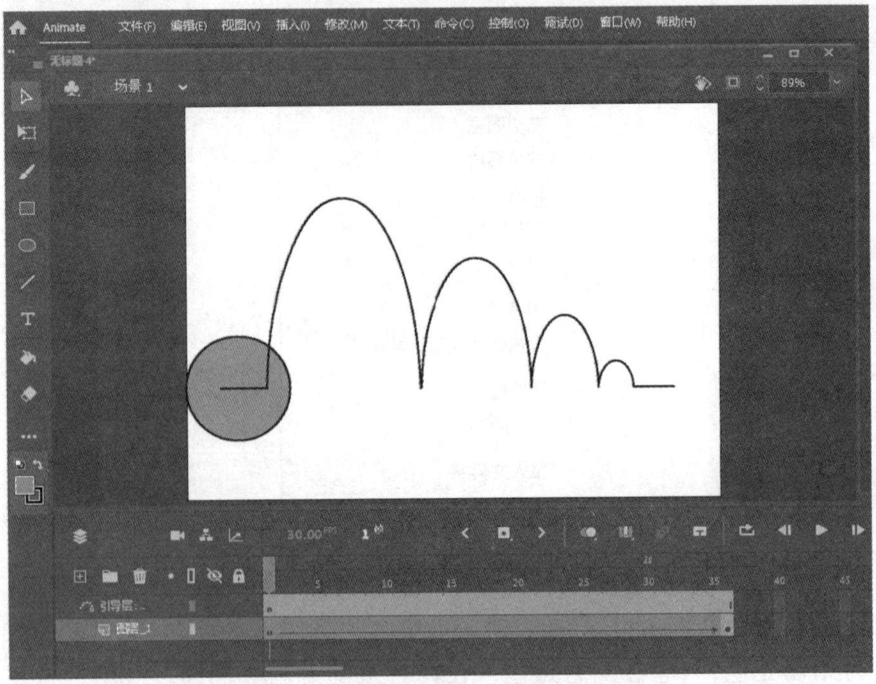

图 4-24　小球放在引导线的起始端

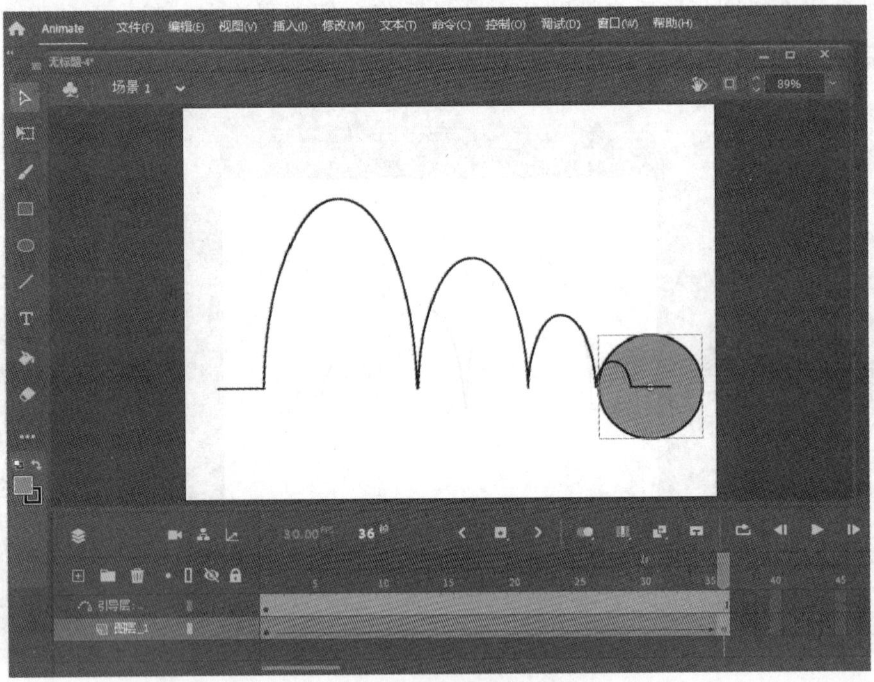

图 4-25　小球放在引导线的末端

吸附效果就是在拖动小球靠近路径一端时，可以看到小球内部的代表中心的小圆圈自动挂靠在曲线上，否则引导线动画不能产生。

⑨完成上述步骤后，引导层动画制作完成，测试影片播放效果。播放时，作为引导路径的曲线会自动隐藏。

（5）遮罩动画

制作动画时，为了追求一定的效果，有时会制作成遮罩动画。遮罩动画就好像将遮罩层上的图案掏了一个洞，将被遮罩层的图案显示出来而形成的特殊动画效果。如果结合遮罩动画与补间动画，就可以做出意想不到的效果。下面，我们来介绍遮罩层动画的制作过程。操作步骤如下：

①选择“文件”→“新建”命令，在打开的新建窗口中，输入“宽”为 800，“高”为 400，选择“创建”，新建一个文档。

②单击图层 1 的第 1 帧，再通过“文件”→“导入”→“导入到舞台”命令，将已经准备好的一张外部图片导入工作舞台上，调整图片的大小和位置。

③在第 35 帧处插入一个关键帧，将这个关键帧上的图片往右边移动一点距离，为该层制作一个从左向右的直线运动的动画效果。

④在图层 1 的上层添加一个新的图层。由于该新建图层充当遮罩层，所以必须置于图层 1 之上。如果图层顺序不对，通过拖拽的方式改变一下位置即可。

⑤单击图层 2 的第 1 帧，选择工具箱里面的“文字工具 T”，在文字工具对应的属性面板中设置“字体”“字号”“填充色”等参数，然后在舞台上输入文字“听力教学”。切换为选择工具，把文字拖放到工作舞台的理想位置。

⑥设置遮罩效果。对图层 2 右键单击，在弹出的菜单中选择“遮罩层”。这时可以看到图层 2 和图层 1 的关系在层次上发生了变化，如图 4-26 所示。

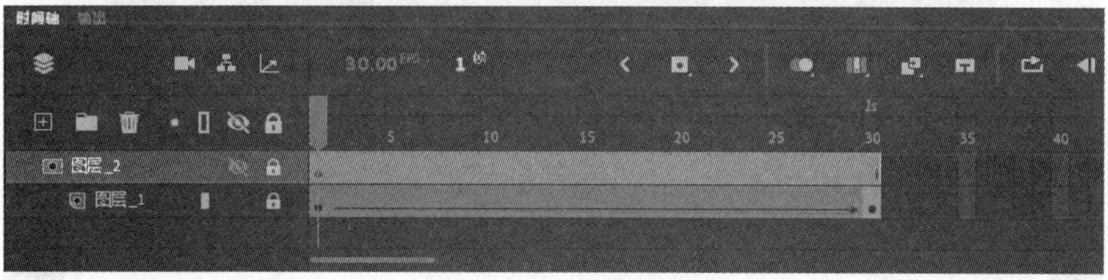

图 4-26　遮罩层

⑦完成上述操作后，测试播放影片就能看到如图 4-27 所示的遮罩效果，透过文字遮罩就能看到下层图片的内容，而下层内容可见的形状就是充当遮罩的文字的形状。

图 4-27　遮罩动画最终效果

（6）按钮的制作

在进行课件制作时，我们经常会用到交互式动画，它一般是通过按钮和脚本语言共同作用实现的。Animate 中运用了面向对象的脚本语言 ActionScript 3.0，此语言在 ActiongScript 2.0 的基础上提供了更强大的交互功能，具有函数、变量、语句、操作符和结构程序等一些基本概念。本书只介绍一些简单的脚本编写，有兴趣的读者可以课后进行相关的学习。

下面，我们制作一个交互式按钮，并输入简单的脚本，将其链接到百度网站。操作步骤如下：

①新建一个名为“ActiongScript 3.0”的文档。

②选择“插入”→“新建元件”命令，在弹出的对话框中输入元件的名称“笑脸”，并选择类型为“按钮”，如图 4-28 所示。单击“确定”按钮后将进入按钮元件的编辑界面，如图 4-29 所示。

图 4-28 “新建元件”窗口

图 4-29 元件编辑窗口

一个按钮总共分为四帧，分别是“弹起”“指针经过”“按下”“点击”。顾名思义，在“弹起”帧绘制的图形将会是按钮的最初状态；在“指针经过”帧绘制的图形，将会是鼠标经过按钮时按钮所呈现的状态；在“按下”帧绘制的图形，将会是鼠标在按钮上并单击鼠标时，按钮所呈现的状态；“点击”帧上一般不需要绘制任何图形，它用作热区域。

③选中图层 1 上的“弹起”关键帧，然后使用工具箱中的“椭圆工具”，设置填充色选为“黄色”、边框为“黑色”、笔触大小为“3”，画出一个圆；接着选择工具箱中的“线条工具”，画出一条直线；再选择工具箱中的“选择工具”，并将鼠标移到所画的直线上，当看见鼠标右下角变成一段弧线时，按住鼠标左键向上拖动直线中部位置。这样，笑脸的眉毛就画好了，如法炮制，继续画一个弧线作为嘴巴。“笑脸”最终效果如图 4-30 所示。

图 4-30 “笑脸”最终效果

④在图层 1 上的“指针经过”帧处，单击右键，在弹出的菜单中选择“插入关键帧”，并将笑脸的填充色改为“蓝色”。

⑤选择图层 1 上的“按下”帧，单击右键，在弹出的菜单中选择“插入关键帧”，并将笑脸的填充色改为“红色”。

⑥单击“工作舞台”界面左上部的“”，回到场景中。

⑦打开“库”面板，将元件“笑脸”拖动到舞台中央。选中“笑脸”按钮，打开“属性”面板，为按钮实例命名。在 Animate 中，为避免出错，一般都用英语或数字为实例命名，如图 4-31 所示。

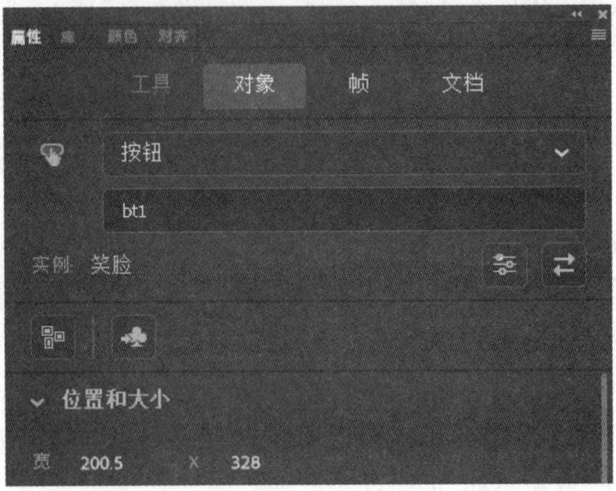

图 4-31　属性面板中修改实例名称

⑧在图层 1 的第 1 帧处，单击右键，在弹出菜单中选择“动作”。动作面板主要用于编写该按钮的脚本，初学者往往不会书写脚本，可根据需要使用“代码片断”辅助编写。

⑨单击“动作”面板右上角的“代码片断”按钮，找到“单击以转到 Web 页”，如图 4-32 所示。双击“单击以转到 Web 页”选项，这样，代码自动复制到动作面板中。根据需要修改网址为 http://www.baidu.com，如图 4-33 所示。

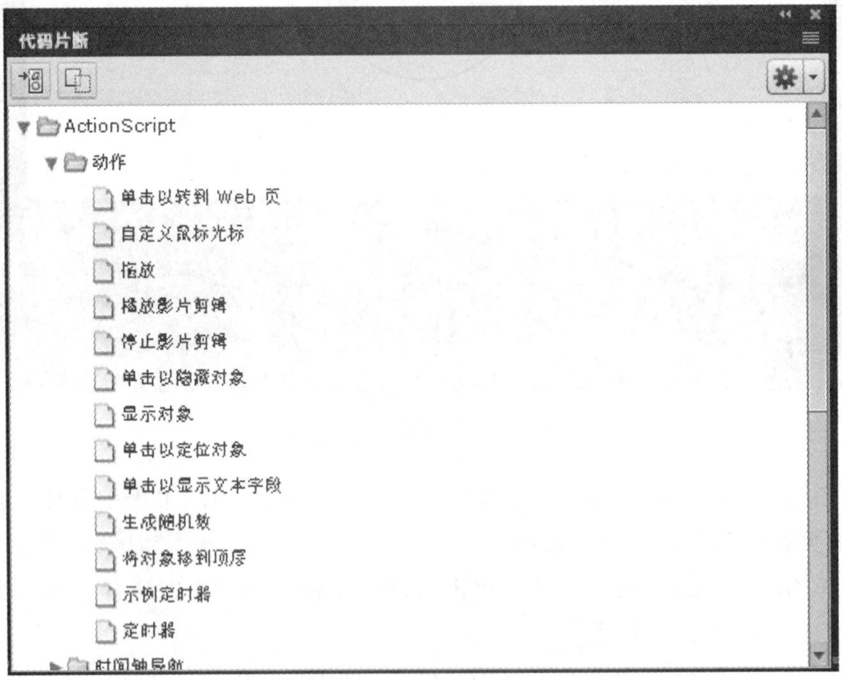

图 4-32　代码片断

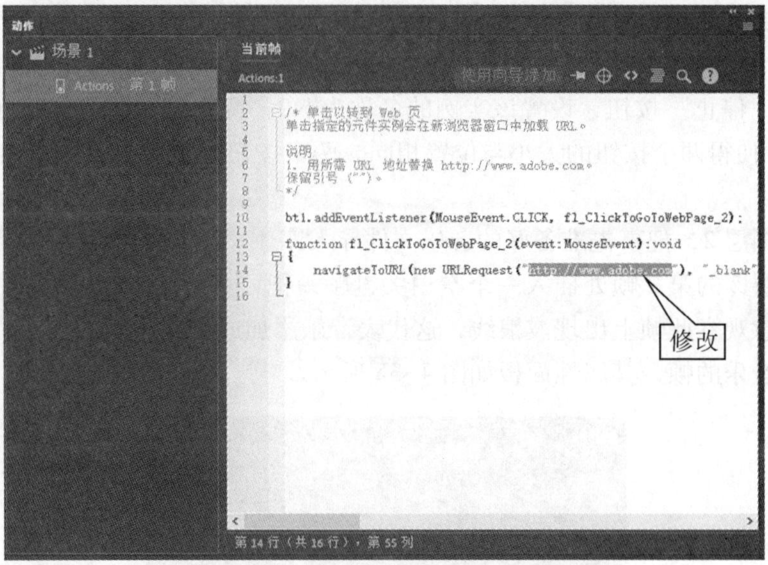

图 4-33 “动作”窗口中的代码

⑩完成后，进行影片测试，单击“笑脸”，将会看到效果。

（7）动画中声音的使用

在 Animate 动画制作过程中，可以根据需要加入声音素材，不过需要预先准备好音频文件，并对声音出现的时间有一个初步的计划。Animate 软件可以对声音进行适当的处理与编辑。下面，我们就制作一个使用声音的动画。操作步骤如下：

①新建一个文档。

②仿照实例 6 制作两个按钮，分别为“播放”按钮、“停止”按钮。

③选中图层 1 的第 1 帧，从“库”面板中找到已经做好的“播放”按钮，并将其拖动到舞台中央。

④单击舞台中央的“播放”按钮，打开“属性”面板，将其参数修改成：宽为 100，高为 100，X 为 300，Y 为 240，这里 X、Y 是按钮的坐标值，将该按钮实例命名为“bt1”，如图 4-34 所示。

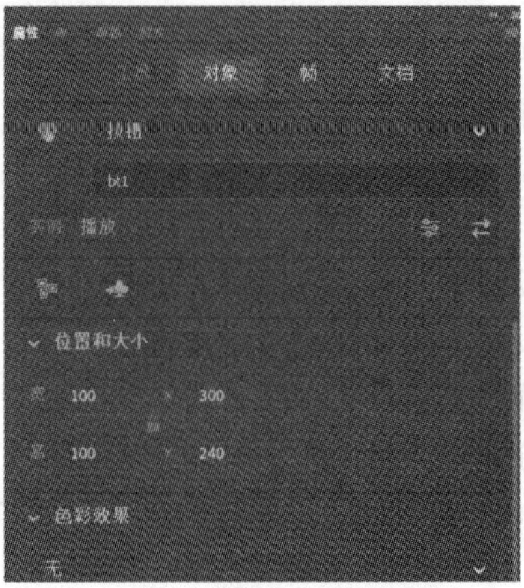

图 4-34 “播放”按钮属性面板

⑤在图层 1 上第 2 帧的位置插入一个空白关键帧。

⑥打开“库”面板，找到已经做好的“停止”按钮原件，并拖动到舞台中央。

⑦选中“停止”按钮，设置该实例的名称为 bt2，调整宽、高的参数（与“播放”按钮一致），使得两个按钮的大小与位置相同。两个按钮完全重叠，只是出现的时间不同而已。

⑧新建图层 2，把事先准备好的音乐文件导入库。

⑨在图层 2 的第 2 帧处插入一个空白关键帧，把“库”中的音乐文件拖动到此帧舞台上。注意观察此帧上出现波浪线，这代表音乐添加成功。

单击有音乐的帧，其属性面板如图 4-35 所示。

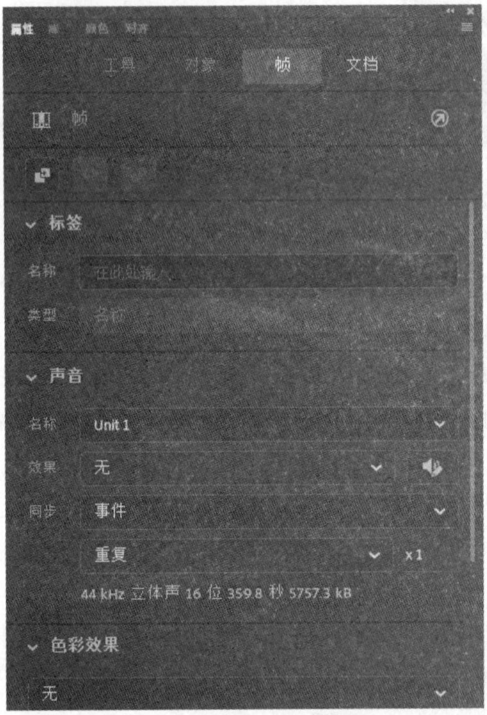

图 4-35 “帧”的属性面板

在图 4-35 中，声音选项的“效果”中，可以选择需要的效果，如图 4-36 所示。

“无”：不对声音应用任何特殊效果，如果已经选择了，则表示取消已经存在的所有声音效果。

“左声道”/“右声道”：只使用左声道或右声道中的一个声道来播放声音。

“向右淡出”：将声音设置为从左到右慢慢切换。

“向左淡出”：将声音设置为从右到左慢慢切换。

“淡入”：声音开始部分，音量从无到有，从小到大的渐变过程。

“淡出”：声音结束部分，音量慢慢变小，最后完全消失的过程。

“自定义”：针对淡入淡出效果，用“编辑封套”自定义声音淡入点和淡出点，随心所欲。

“同步”是关于声音的其他设置，具备如图 4-37 所示的几种选项。各自功能如下：

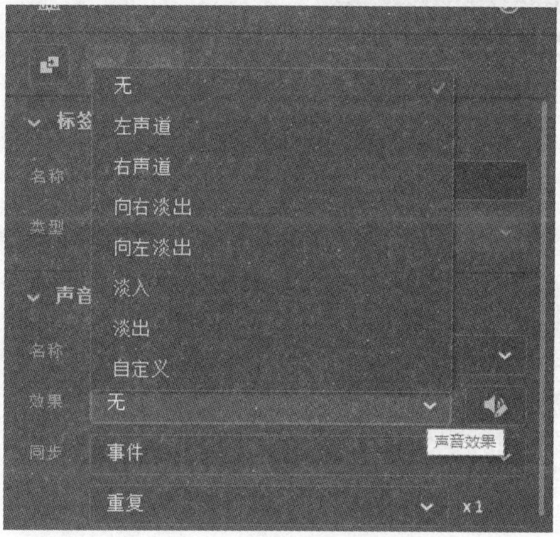

图 4-36 “效果”菜单

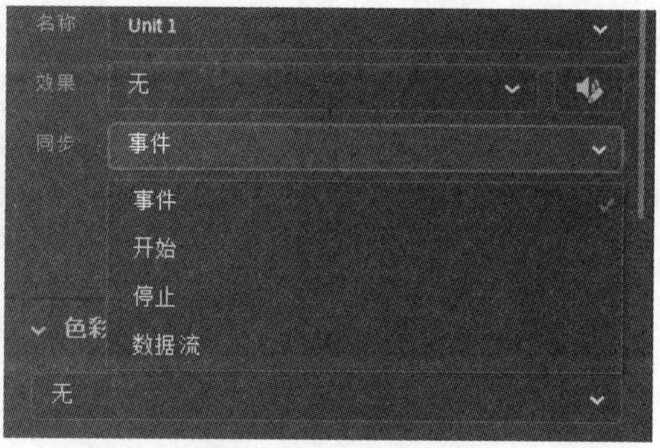

图 4-37 “同步”菜单

“事件”：指要同步声音和一个事件。事件声音在关键帧处开始播放，不受时间轴限制而独立播放完整的声音。也就是说，当事件声音还在播放的时候，若再次显示该事件声音的这个关键帧，那么声音会再次播放，而前一个声音也不会因此而停止，会继续播放。

“开始”：表现在事件声音正在播放，若再次显示事件声音的关键帧，不会播放新的声音，只能听到刚才未完的声音。

“停止”：将使声音设置为静音，不会播放声音。

“数据流”：该选项用于互联网，用来保证声音和画面同步。当网速不够，动画不能足够快地绘制出对应的动画帧时，就跳过此帧的播放。

“重复”：顾名思义，就是让声音循环播放。另外，还可以设置重复播放的次数。

⑩现在添加动作。为图层 1 的第 1 帧添加“动作”代码。在打开的动作面板上单击“代码片断”图标，找到“时间轴导航”，可以看到很多动作类型，依次双击“在此帧处停止”和“单击以转到帧并停止”。如果提示要选择对象就单击一下播放按钮再试一下，这样可以自动将代码复制出来，如图 4-38 所示。“gotoAndStop（）”括号中参数填写为“2”，如图 4-39 所示。

⑪选择图层 1 的第 2 帧，单击右键，设置动作代码，打开帧上的动作面板；在动作面板中单击“代码片断”图标，找到“时间轴导航”代码，双击“在此帧处停止”和“单击以转到帧并停止”。如果提示要选择对象就单击一下停止按钮再试一次，即可将代码复制到动作面板。再打开“代码片断”中“音频和视频”，双击“单击以停止所有声音”，将代码复制到动作面板。设置代码“gotoAndStop（）”括号中的数字为“1”。第 2 帧代码如图 4-40 所示。

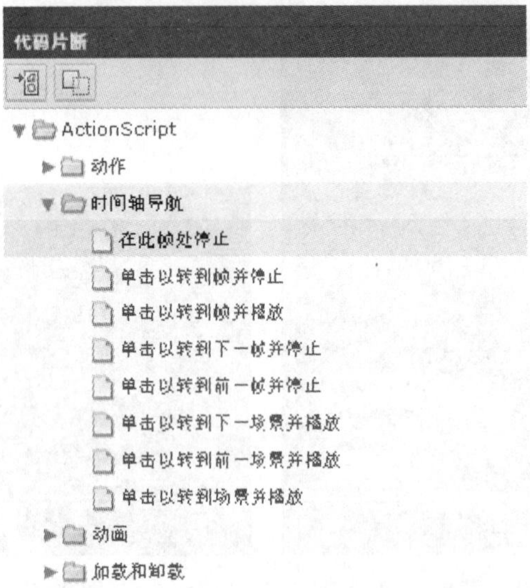

图 4-38　代码片断

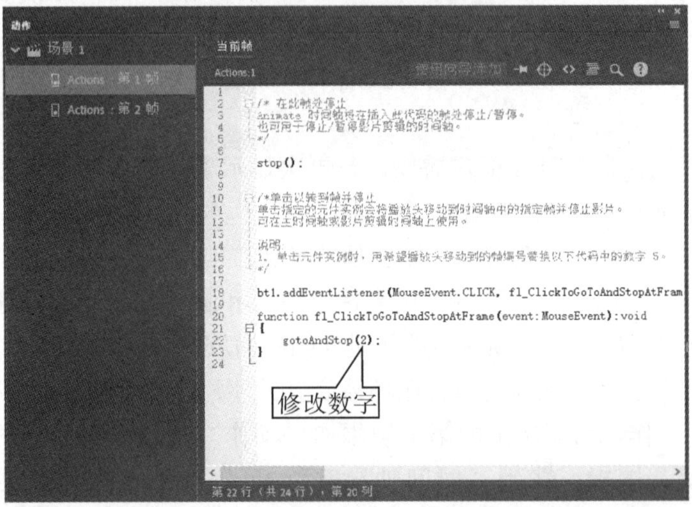

图 4-39　第 1 帧“动作”面板代码

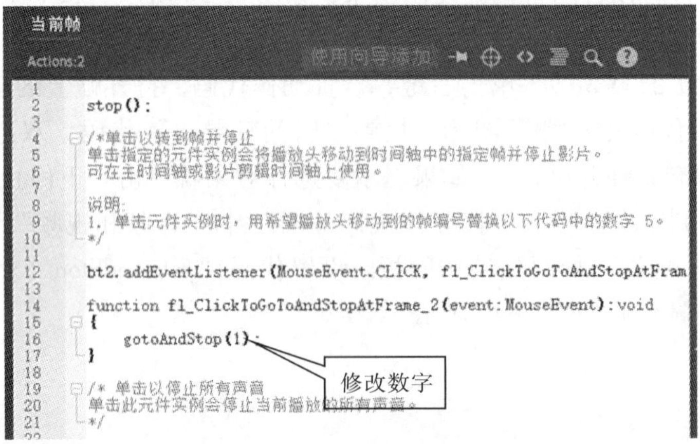

图 4-40　第 2 帧“动作”面板代码

⑫声音交互动画制作完成，选择测试影片，将会看到想要的效果。

（8）场景的使用

在 Animate 中，制作交互较多、时长较长的动画时，我们会用到场景。一个场景可以制作一个完整的动画。使用场景时，可将动画划分为几个不同的段落进行分别制作，这样，可降低制作难度。下面，我们以字体的淡出效果为例来学习场景的使用。操作步骤如下：

①新建一个文档，选择“属性”面板，将文档的舞台背景色设置为“黑色”。

②选择“窗口”→“场景”命令，打开场景浮动面板，如图 4-41 所示。

图 4-41 “场景”浮动面板

单击场景浮动面板左下角的“添加场景”按钮，可增加场景；单击“重制场景”按钮，可对选中的场景进行复制；单击“删除场景”按钮，可将选中的场景删除。双击场景名称，可修改场景名字。

③再次单击场景浮动面板左下角的“添加场景”按钮，添加三个场景，并将所有场景依次命名为：随、风、而、逝，如图 4-41 所示。

④单击场景“随”，打开场景编辑窗口。选中第 1 帧，选择“文字工具”选项，并在文字的属性面板中设置“大小”为“120”、“颜色”为“白色”，在工作舞台上输入文字“随”。打开对齐面板，勾选“与舞台对齐”选项，借用水平和垂直对齐工具，确保文字位于工作舞台的中心位置。

⑤选中第 15 帧，单击右键，插入关键帧，并在第 1 帧到第 15 帧中任意位置单击右键，创建传统补间。

⑥单击选中第 15 帧，将舞台上的“随”字拖动到舞台文件的右上方，选择“任意变形工具”，按住 Shift 键，将其等比放大，并旋转一定角度。

⑦打开“属性”面板，其中“色彩效果”选择“Alpha”，并设置其值为 0%，这时文字就不可见了，如图 4-42 所示。这样，场景“随”制作完成。

图 4-42 属性面板中的“色彩效果”选项

⑧选择场景面板左上角，打开下拉菜单，选择场景“随”，如图 4-43 所示。

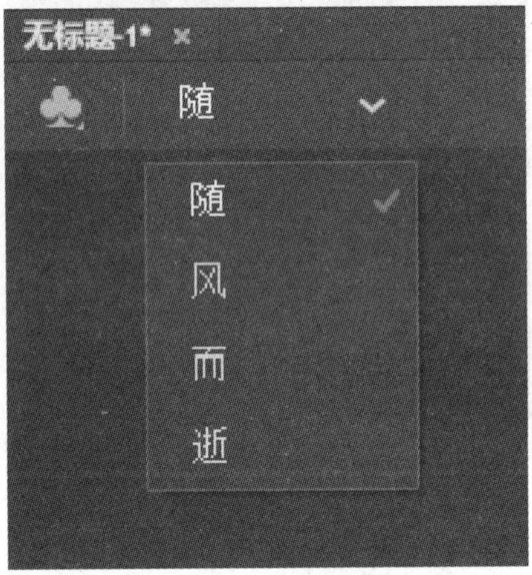

图 4-43 “场景”选项

⑨选中第 1 帧，再次选择工具箱中的“文字工具T”选项，同样设置其属性面板中“大小”为“120”、“颜色”为“白色”，并在“工作舞台”上输入文字“风”。其他操作与“随”字相同，位置也放置在舞台的中央，动画制作如第一个场景“随”。

⑩依次选择场景“而”和“逝”，并在工作舞台上分别输入“而”字和“逝”字，其他操作方法和“随”的场景相同。

⑪至此，4 个场景的制作已经完成。播放时，动画会自动按照场景顺序从上往下播放，也可以制作按钮进行场景跳转播放。选择“控制”→“测试场景”命令，将只测试本场景动画；选择“控制”→“测试”命令，将会测试本文件中的所有场景。本例最终效果如图 4-44 所示。

图 4-44　最终效果图

（9）保存与发布

动画的保存，操作步骤如下：

①打开制作完成的动画。

②选择菜单“文件”→“保存”命令，在打开的对话框中，左边选择保存路径，下方选择保存类型为 fla，并为文件命名“无标题-2”，如图 4-45 所示。所有操作完成后，单击“保存”按钮，即将文件保存为 fla 格式。

图 4-45　“保存”对话框

fla 格式为 Animate 源文件格式，通过此格式，可以看到制作步骤、图层信息，并且可以随意修改，但很多软件都不支持。如果想要其他软件能打开制作的动画文件，就需要将其发布成 swf 格式或各种视频格式。

动画的发布，操作步骤如下：

①打开已保存的动画文件。

②选择菜单栏“文件”→“发布设置”命令，打开设置窗口，如图 4-46 所示。

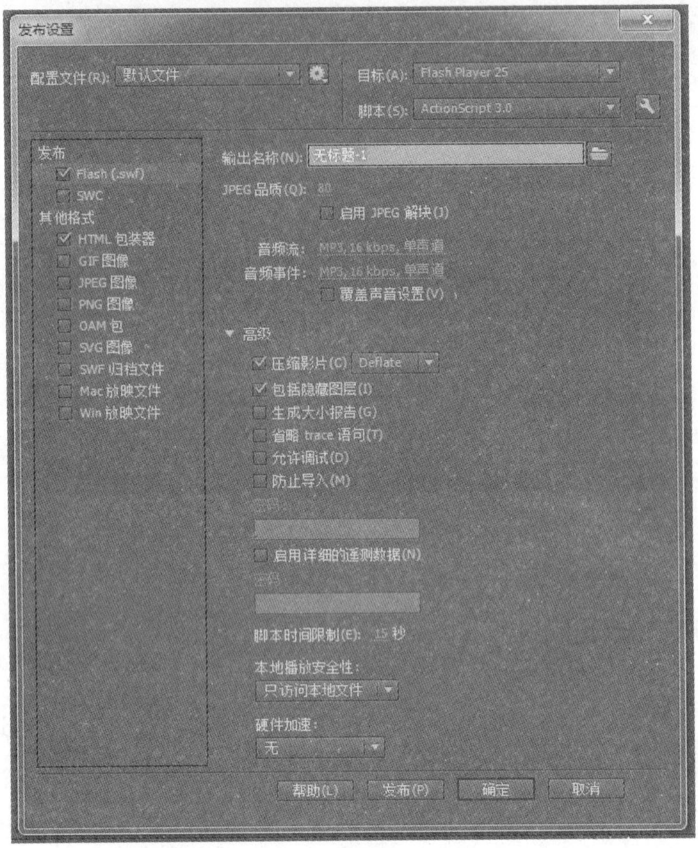

图 4–46 “发布设置”对话框

③在窗口左边单击勾选 Flash (.swf) 图标，再次单击“选择发布目标”按钮，在打开的对话框中选择发布文件的地址，并输入名称，选择“保存”，回到设置窗口。

④所有参数设置完成之后，单击“发布”按钮，即发布成 swf 格式。

⑤如果需要发布为 gif 格式，则需在设置窗口左边单击勾选 GIF 图像 图标，其他操作类似于 swf 格式的发布。

如果需要发布为各种视频格式，操作步骤如下：

①打开已保存的动画文件。

②选择菜单“文件”→“导出”→“导出视频/媒体”命令，打开设置窗口，如图 4–47 所示。

③在设置窗口中，可根据需要选择格式。单击输出文件夹按钮“ ”，在打开的对话框中确定文件保存的位置和文件名，单击“保存”按钮，返回到设置窗口。

④所有参数设置完成后，单击“导出”按钮，即可生成设置的视频格式。

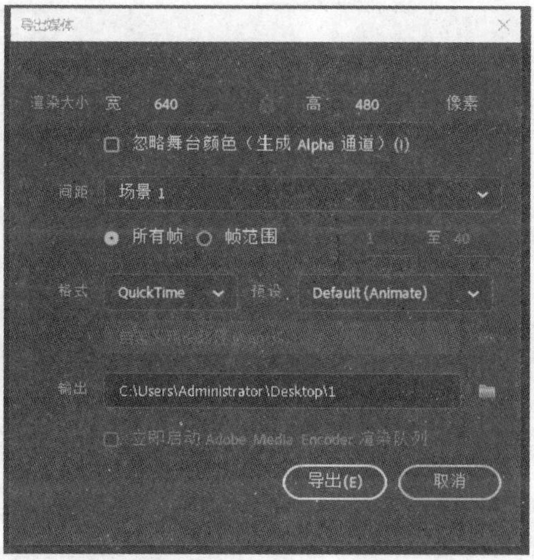

图 4-47 “导出”对话框

动画发布为 swf 格式和各种视频格式后，元件将会全部封装，不能再次进行编辑，这样可以很好地保护版权，同时其他软件也都能打开。制作的动画中如果有交互按钮，建议发布为 swf 格式，这种格式在播放时能有效地进行各种交互操作；如果生成为各种视频格式，动画会按顺序播放，但按钮不能进行交互。

（10）综合实例之一：图片放大镜效果

利用 Animate 动画，制作一个仿真放大镜放大图片的效果动画，要透过放大镜看到下面的图片放大，可以利用遮罩动画。操作步骤如下：

①新建一个空白文档。

②单击“文件”→“导入”→“导入到库”命令，把准备好的一张高清的丹霞地貌图片导入库备用。

③打开“窗口/库”，将库中的“地貌”拖到舞台中央。利用对齐工具中的“匹配宽度”“匹配高度”“水平对齐”“垂直对齐”调整图片，使其对齐舞台中央，比舞台略小。选中图层 1 的第 60 帧，插入一个关键帧。

④在图层 1 的上方新建“图层 2”。双击“图层 2”名称，重命名为“放大镜”。

⑤绘制一个椭圆模仿放大镜。选择“椭圆工具”，打开浮动面板“颜色”，选中其中的“填充颜色”，设置颜色类型为“径向渐变”，找到下方的颜色选项卡，设置为“从白色到黑色”，拖动颜色条的白色控制柄，向右移动以扩大白色区域，如图 4-48 所示。

⑥打开属性面板，设置“笔触颜色 笔触”为“纯黑色”，修改“笔触大小”为“3”，如图 4-49 所示。

⑦选择“放大镜”图层的第 1 帧，结合 Shift+拖动鼠标在舞台上画一个圆。

⑧选择“矩形工具”，在对应的属性面板上设置“笔触颜色 笔触”为“纯黑色”、“填充颜色 填充”为“黑色”，绘制长方形用作放大镜的手柄。如图 4-50 所示。

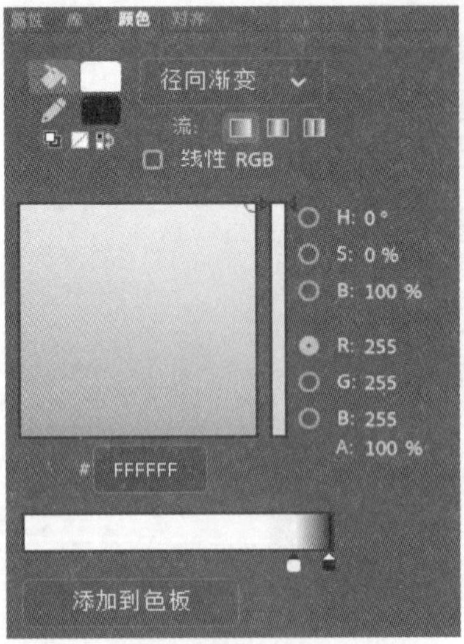

图 4-48 “颜色”浮动面板

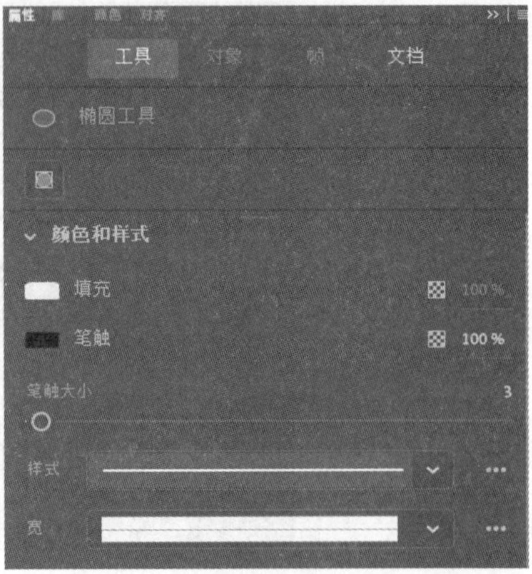

图 4-49 “椭圆工具”属性面板

图 4-50 绘制“圆”和“长方形”

⑨利用“任意变形工具”将长方形旋转一定角度，调整其位置和圆相接。如图 4-51 所示。

⑩选择“放大镜”图层的第 1 帧，移动“放大镜”图形的位置；在第 10 帧处插入关键帧，移动“放大镜”图形到另一个位置；用同样的方法分别在第 20 帧、30 帧、40 帧、50 帧、60 帧处插入关键帧，每个关键帧处都需要移动“放大镜”图形的位置。最后在所有关键帧之间均创建传统补间。时间轴如图 4-52 所示。

图 4-51　绘制的放大镜

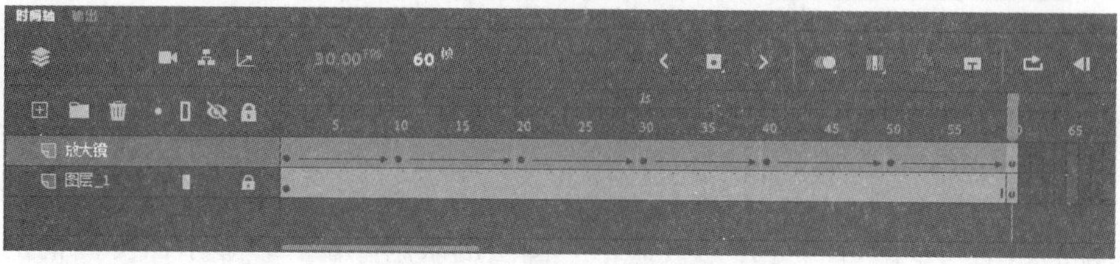

图 4-52　“放大镜”图层时间轴

⑪新建“图层 3”于“放大镜”图层之上，修改图层名称为“被遮罩”。将库中“地貌”图片拖动到舞台上，使用“任意变形工具”调整这里的地貌图片，使“被遮罩”图层中“地貌”图片是“图层 1”中图片的两倍或者更大。

⑫新建“图层 4”置于最上层，为图层重命名为“遮罩层”。单击“被遮罩”图层的眼睛按钮“”，隐藏“被遮罩”图层。如图 4-53 所示。

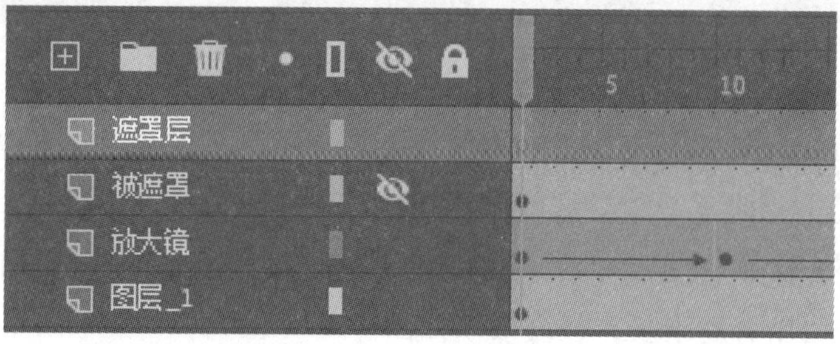

图 4-53　隐藏被遮罩层

⑬选择“遮罩层”的第 1 帧，利用“椭圆工具”，设置填充色为“黑色”，边框色为“无”，在放大镜的中央绘制一个圆，半径略小于“放大镜”中的圆。如图 4-54 所示。

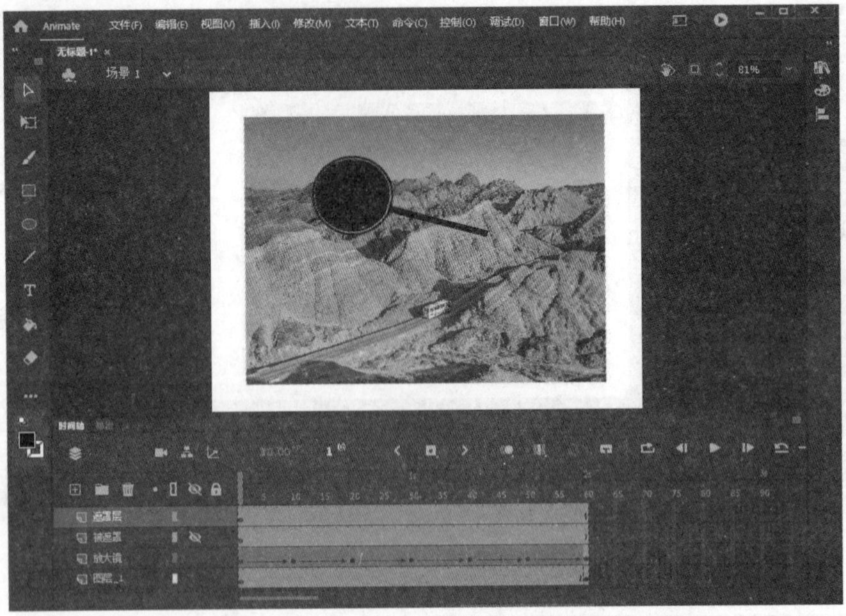

图 4-54　遮罩层“圆”与放大镜层“圆”重合

⑭在第 10 帧、20 帧、30 帧、40 帧、50 帧、60 帧处分别插入关键帧，并移动圆的位置，确保和“放大镜”的圆心重合。然后在所有关键帧之间添加传统补间，保证圆与放大镜的运动同步即可。打开“被遮罩”图层的眼睛“”，显示出更高清的图片。时间轴如图 4-55 所示。

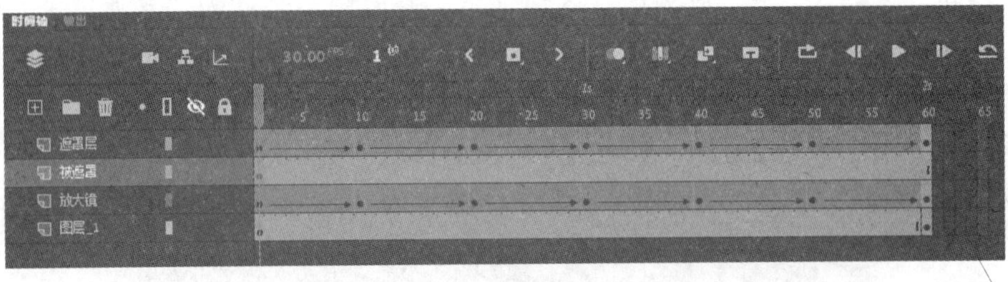

图 4-55　时间轴

⑮选择“遮罩层”图层，单击右键，选择“遮罩层”，设置该图层为“遮罩类型”，效果如图 4-56 所示。

⑯至此，放大镜效果制作完成。选择测试播放影片，发现透过镜片看到的内容比镜片之外看到的明显清楚很多，最终效果如图 4-57 所示。

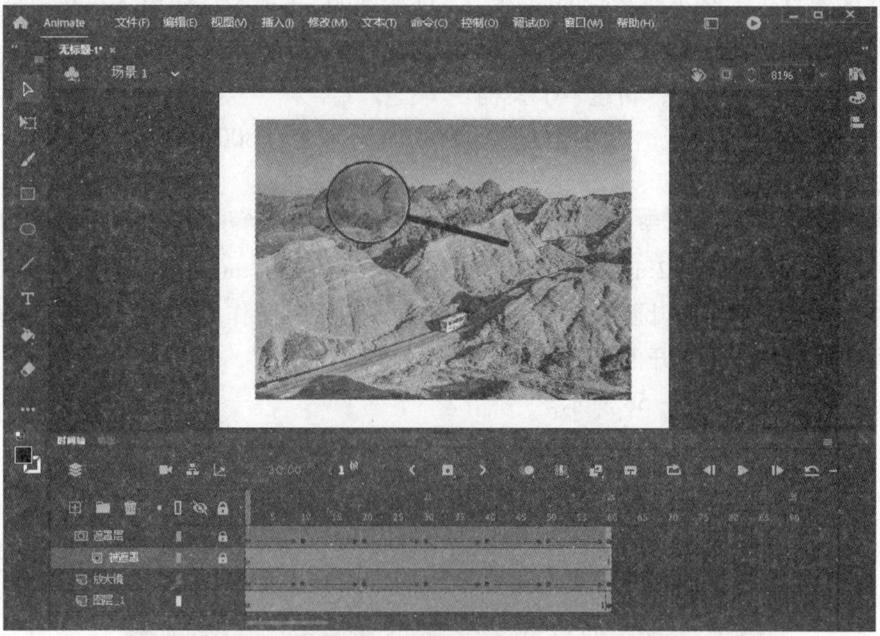

图 4-56　遮罩效果

图 4-57　最终效果图

（11）综合实例之二：古诗《春晓》

利用动画表达古诗的诵读，是很多教师喜欢使用的教学形式。这种形式较直观，容易烘托气氛，便于抒发感情，也比较受学生的喜爱。下面，我们利用 Animate 来制作古诗《春晓》的诵读。操作步骤如下：

①准备素材：一张小孩睡觉的图片，一只小鸟的 gif 动图；使用 Audition 录制《春晓》古诗诵读的声音文件（每句诗分别保存为一个文件）。

②打开 Animate 2020，新建一个文档。

③打开“属性”面板，“文档设置”修改如下：宽为 800，高为 600，舞台颜色为“白色”，帧频为 12。

④单击“文件”→“导入”→“导入到库”命令，将“小孩睡觉”图片、小鸟.gif、《春晓》1.mp3、《春晓》2.mp3、《春晓》3.mp3、《春晓》4.mp3 全部导入库。

⑤制作树叶。由于树叶要多次使用，因此，我们将其制作成元件。选择“插入”→“新建元件”命令，在打开的对话框中修改名称为“树叶”，类型选为“图形”，再单击“确定”按钮。如图 4-58 所示。

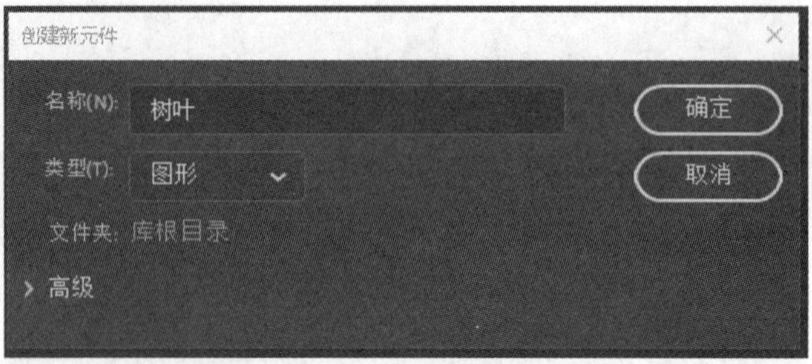

图 4-58 “新建元件”对话框

选择“直线工具”，在舞台上画一条线段，利用“选择工具”，将其转为曲线。按照相同方法，画另一曲线，将两曲线闭合，利用“颜料桶工具”填充为绿色，再在绿色中画一直线，如图 4-59 所示。

⑥制作树枝。选择“直线工具”，在舞台上画一线段，并利用“选择工具”将其变成曲线，将树叶进行复制并移动到刚画好的曲线两边，利用“任意变形工具”将树叶旋转一定角度。效果如图 4-60 所示。

图 4-59 树叶效果图

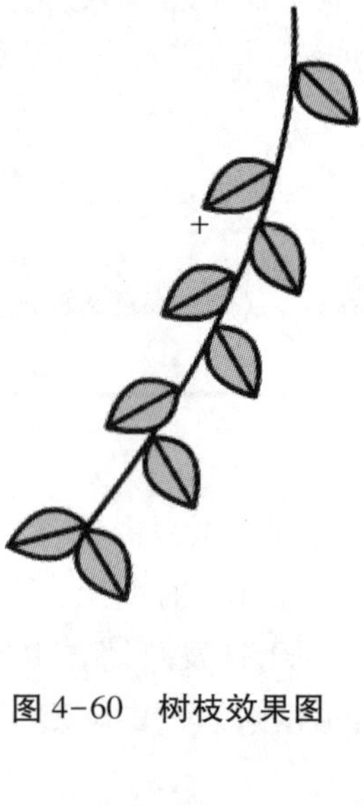

图 4-60 树枝效果图

⑦制作花朵。选择“插入”→“新建元件”命令，将名称修改为“花朵”，类型选为“图形”。选择“椭圆工具■”，在舞台上画一个正圆，并复制这个圆四次，再将这五个圆拼成一个圆圈（可以考虑利用数学知识排列更标准）。如图 4-61 所示。填充这五个圆的中间区域，使其与圆内颜色一致，删除多余的黑色线条。在构成的图形中间画一个白色的小圆圈，最终效果如图 4-62 所示。

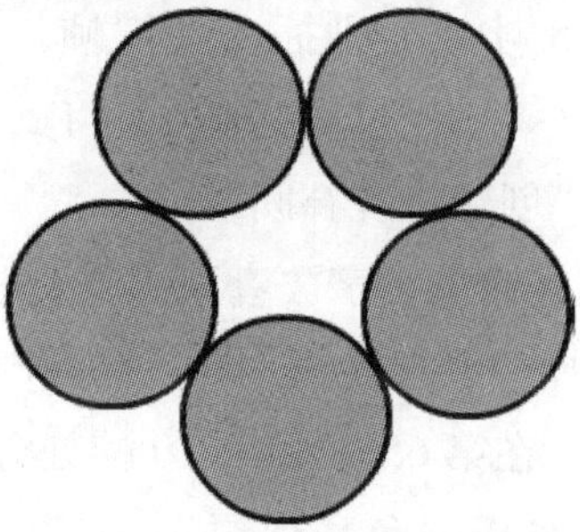

图 4-61　绘制的圆

图 4-62　花朵效果图

⑧制作呼噜声的动态效果。新建一个元件，修改名称为“呼噜”，类型为“影片剪辑”。在第 1 帧输入文字“Z”，颜色为“黑色”；在第 30 帧插入关键帧，将文字“Z”移动到舞台左上方，并在第 1 帧处单击右键选择“创建传统补间”。选中第 30 帧处的“Z”，利用“任意变形工具■”将其放大，再打开“属性”面板（这时属性面板呈现的是“帧”的属性），选择“色彩效果”→“Alpha”选项，将其值修改为 0。选中图层 1 上的所有帧，单击右键，在弹出的对话框中选择“复制帧”。新建图层 2，在第 15 帧处单击右键，在弹出的对话框中选择“粘贴帧”。这样，呼噜声的动态效果就做好了，如图 4-63 所示。

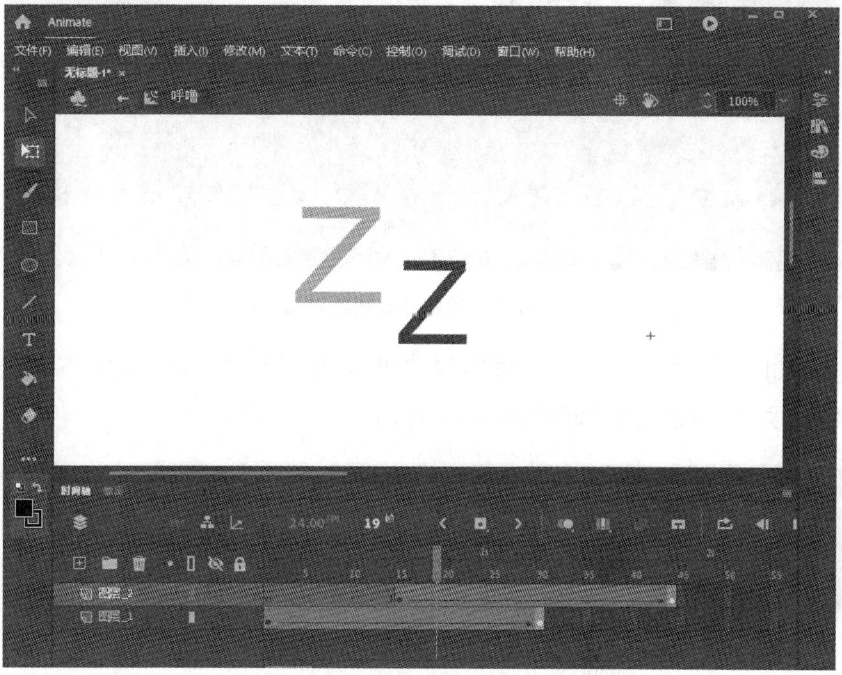

图 4-63　“呼噜声”动态效果

⑨制作古诗。选择舞台左上角的“⬅”图标，切换回“场景 1”。选择图层 1 的第 1 帧，将图片“小孩睡觉”从库中拖动到舞台中央；选中第 250 帧并插入帧。因为帧频是 12，所以我们将会制作大约 20 秒的动画。

⑩新建一个名称为“文字”的图层。选中该图层的第 1 帧，在舞台上输入文字“春晓”，修改颜色为“黑色”，设置字体和大小。单击选中“春晓”，单击右键将文字转换为“图形”类型的元件。在第 10 帧和第 15 帧处分别插入关键帧，并选中第 15 帧，打开帧的“属性”面板，选择“色彩效果”→“Alpha”选项，将其值修改为 0，并在第 10 帧单击右键，在弹出的对话框中选择“创建传统补间”。

⑪用同样的方法在第 16 帧处插入空白关键帧并输入文字“春眠不觉晓”，如图 4-64 所示。单击选中“春眠不觉晓”，单击右键并选择“转换为元件”，在弹出的对话框中选择元件类型为“图形”，将其修改为图形元件。在第 65 帧和第 70 帧处分别插入关键帧，并选中第 70 帧，打开帧的“属性”面板，选择“色彩效果”→“Alpha”选项，将其值修改为 0，并在第 65 帧处单击右键，在弹出的对话框中选择“创建传统补间”。

图 4-64　文字“春眠不觉晓”

⑫按照第⑪步的方法，分别制作诗句“处处闻啼鸟”“夜来风雨声”“花落知多少”。最终，“文字”图层的时间轴如图 4-65 所示。

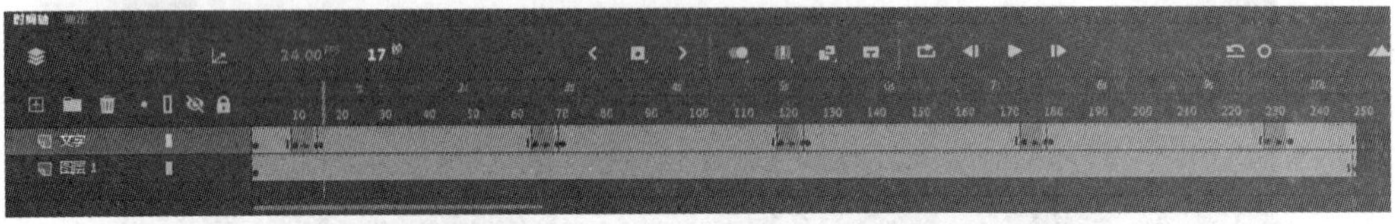

图 4-65　“文字”图层时间轴

⑬新建一个图层，修改名称为“呼噜层”。在第 16 帧插入关键帧，将库中“呼噜”元件拖动到舞台上的合适位置。在第 66 帧处插入空白关键帧。

⑭新建图层，修改名称为“树枝 1”。选中第 1 帧，从库中拖动“树枝”元件到舞台的合适位置，在第 12 帧、150 帧、180 帧处分别插入关键帧。选中第 150 帧，使用“任意变形工具”，使树枝旋转一定角度（旋转时树枝的根部位置不能移动）。在第 125 帧和第 150 帧处创建传统补间。这样，树枝就随风动起来了。再次新建两个图层，分别修改名称为“树枝 2”和“树枝 3”，操作步骤同“树枝 1”。

⑮新建图层，修改名称为“小鸟”。在第 71 帧处插入关键帧，将库中的“小鸟.gif”拖动到树枝上。分别在第 80 帧、90 帧、100 帧、110 帧、124 帧处插入关键帧，并调整这些关键帧中小鸟的位置，单击右键，在弹出的对话框中选择“创建传统补间”。

⑯新建图层，修改名称为“花 1”。选中第 1 帧，将库中的“花朵”元件拖动到舞台上左边树枝的合适位置。在第 125 帧、150 帧、180 帧、250 帧处依次插入关键帧。选中第 150 帧，将花朵移到树枝上，使之形成随树枝飘动的感觉。选中第 250 帧，将花朵移动到图片下部位置，并创建传统补间，使之形成飘落的感觉。第 250 帧效果如图 4-66 所示。

图 4-66　花落的效果

⑰再次新建三个图层，分别修改名称为“花 2”“花 3”和“花 4”，操作步骤同“花 1”。第 250 帧效果如图 4-67 所示。

图 4-67　第 250 帧效果图

⑱加入声音。新建一个名为“声音”的图层，在 18 帧处插入关键帧，将库中“《春晓》1.mp3”拖动到舞台上。然后在 72 帧处插入一个空白关键帧，再将库中“《春晓》2.mp3”拖动到舞台上。选中第 127 帧，插入空白关键帧，将库中“《春晓》3.mp3”拖动到舞台上。选中第 182 帧，插入空白关键帧，将库中“《春晓》4.mp3”拖动到舞台上。最终时间轴如图 4-68 所示。

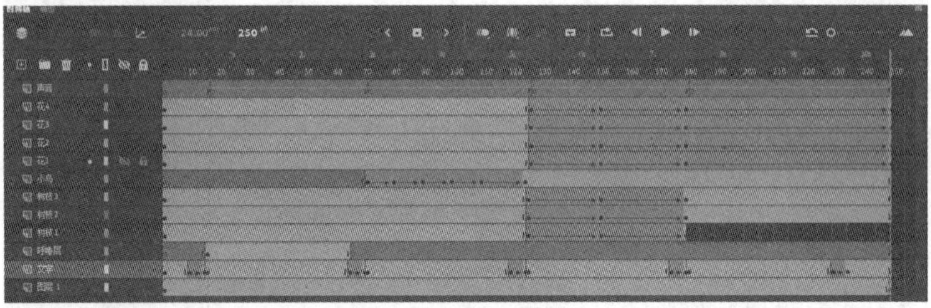

图 4-68　最终时间轴

⑲制作完成。进行影片测试，看到的最终效果如图 4-69 所示。

图 4-69　最终效果图

⑳选择“文件”→“保存”选项，将其保存为 fla 格式。选择“文件”→“发布设置”选项，将其发布成 swf 格式。

以上即为制作古诗《春晓》动画的全过程。

思考与练习

1. Animate 可导出哪些不同格式的视频文件？
2. Animate 可直接导入哪些不同格式的声音文件？
3. 利用遮罩层制作一个文字的探照灯效果。
4. 制作一个会旋转的螺旋桨或风车。
5. 制作一个可以带翻页按钮的相册。

5 视频资源的处理与制作

■**内容提要**

本章首先对视频的一些基本概念进行了介绍，从原理的角度讲述了视频文件的本质，并对多媒体课件中应用视频的作用进行了分析；其次，介绍了常见的视频文件类型以及利用格式工厂与超级转换秀等常用软件来实现不同格式的视频文件相互转换的方法；最后，详细介绍了教学视频制作的杰出代表——喀秋莎的各项功能菜单及其使用方法，并通过录制一个可见的案例来讲解利用喀秋莎软件进行捕获、编辑和分享三个基本步骤制作视频素材。

视频是指将一系列静态影像通过电信号方式进行捕捉、记录、处理、储存、传输、重现的相关技术。视频和动画一样，都是利用视觉暂留的原理，产生的动态视觉错觉效果。视频技术最早是为了传播电视节目而发展起来的，但现在已经远不止此了。互联网技术的高速发展促使视频在网上以流媒体的形式快速传播。视频技术与电影技术存在差异，电影技术是利用照相术把动态的影像捕捉为静态的图片序列。随着数字化时代的到来，数字电影已属于视频，简而言之，只要通过放映机来播放就认为它是视频。

5.1 视频基础知识

视频技术起源于采用阴极射线管（CRT）的电视系统，随着新的显示技术不断进步，视频技术所包括的范畴也越来越大了。下面介绍视频的一些基本概念。

（1）帧频

帧频，即画面更新率，也叫帧率，是指每秒钟播放的画面张数。早期视频画面更新率只有6~8张/秒，画面的流畅性非常差，现在的视频技术使画面更新率已经可以高达120张/秒。

（2）扫描传送

视频被投放到显示屏上显示出来的方式称为扫描传送。早期受技术限制，一般采用隔行扫描，分别完成奇数和偶数行的扫描才能呈现一幅画面。现在一般采用逐行扫描的方式来实现视频传送。

（3）分辨率

视频的分辨率和图片的分辨率是一个概念，是指构成每一帧画面像素点的多少。早期视频以水平扫描线数量为度量单位，现在的数位视频以像素为度量单位，即视频的一个画面需要多少个像素点来表达。标清电视信号的分辨率为720/704/640×480（NTSC）或768/720×576（PAL/SECAM）；高清电视（HDTV）信号的分辨率可达1 920×1 080p60，即每条水平扫描线有1 920个像素，每个画面有1 080条扫描线，以每秒钟60张画面的速度播放。

（4）长宽比例

长宽比来自显示屏的外观尺寸比，视频为了适应显示屏，也同样具备了这个参数。传统的电视显示屏和响应的视频都采用4：3（1.33：1）的比例，看起来比较方正。而高清数字电视一般采用16：9（1.78：1）的比例。电脑显示屏一般采用方形像素，但是在电脑上制作和播放数字视频可以非常灵活地使用不同的比例。如果视频的比例和显示屏的比例不匹配，画面就会变形，这会导致视频任务看起来变“胖”或变“瘦”。

（5）压缩技术

由于视频本质上是快速播放大量极度相似的图像，如果直接存储和传输每一帧画面的每一个像素则会导致视频文件过于庞大，这对存储与网络系统来说就可能是天文数字。所以为了存储与传输，就需要对相似的画面尽量去掉冗余像素，这样就能够对视频起到“瘦身”的作用。这是视频压缩技术的研究目标。

空间冗余度可以采取“只记录单帧画面的一部分与另一部分的差异性”的原理来降低，这种和图像压缩技术密切相关的视频压缩技术被称为帧内压缩（intraframe compression）。时间冗余度则采取“只记录两帧不同画面间的差异性”的原理来降低，这种视频压缩技术被称为帧间压缩（interframe compression）。其涉及运动补偿相关的其他技术。MPEG-2是在卫星电视上普遍采用的压缩技术，而互联网上的视频更多地采用MPEG-4。通过不同的压缩技术可以把原始文件转换为其他不同的视频格式，这称为不同的编码方式。

5.2 视频在教育教学中的应用

5.2.1 视频在课件中的作用

各种教学资源中使用的视频文件除了一部分是现成视频之外，更多的是自己通过相机等设备直接获取，然后利用视频软件适度进行后期处理的。直接使用拍摄的视频可能会出现冗余或错误信息，显得粗制滥造，影响课件整体质量，因此需要对视频进行加工处理。一些复杂而动态的教学内容需要用视频来表现，再搭配适当的画外音可以加强刺激，从而加深印象，让知识的烙印持续更久。视频在教学中所起的作用是其他媒体难以替代的，其最大的特点是连续性、与声音同步。在教育教学中，使用视频有很多优点，如一些难以用语言或声音直接表达的知识就可以使用视频来表达，这样不容易与其他知识点混淆。虽然视频文件可以有效提高学生的学习效率，但凡事都有两面性，过度依赖视频教学会淡化教师的主导作用，让教师对课堂失去控制，对学生的学习状态难以把控，还可能引起视觉疲劳，所以我们在教学过程中对视频资源的使用需要兼顾适度和适量的原则。

5.2.2 视频教学的优势

（1）生动性

传统的现场教学方式往往更关注对学生的知识灌输，几乎不考虑灵活的教学手段，这必然会让基础不好的学生产生疲劳与厌倦，从而影响他们的学习兴趣。而视频技术的使用能使人耳目一新，增加带入感，吸引学生的注意力。

（2）简洁性

在教学中使用的视频要求简洁，知识点准确无误，表达的含义明确。即便是教师自己录制的视频，在使用之前也要对已经熟悉的内容反复演练，不能像平常教学过程中使用过多的习惯用语，避免习惯性的重复。如果是演示性视频，更不允许存在意外的情况，操作过程和结果必须精准。录制过程如果出现意外，需要重新录制。

（3）专业性

教学中的视频制作相对专业，即使非专业录制，也要精益求精。教师自己录制的视频，都是自己擅长的领域。讲授的目的、实现的方法都具有很强的专业性，而且视频教学的准备比一般的备课要求更高。

（4）重复性

视频教学最大的一个好处就是可以重复播放，尤其通过网络开展的视频教学（这里不是指直播），学生可以根据自己掌握的情况，针对性地反复、多次播放。这就满足了不同接受能力的学生的需要，可以帮助学生实现“笨鸟先飞”。

（5）个性化

视频教学还可以实现个性化教学。教学中的视频一般都允许回放、跳跃，让学生找到自己感兴趣或者感到困惑的地方，反复看某一段视频，指导自己真正理解。这有利于不同的学生发现自己的问题，开展个性化学习。

5.2.3 视频教学的不足

当然，视频作为教学的有益补充，也存在自己的不足。首先，视频教学虽然直观，但是可能不利于学生想象力的发挥。尤其是文字描述提供的想象空间，视频是难以表达的。其次，相对于现场教学，我们能够发现视频教学存在互动性不足的问题，且视频教学往往非常精炼、精准，这就可能导致学生的思考机会变少，更为明显的是老师和学生之间的沟通自然也会变少，教师如果过度依赖视频教学，对课堂的掌控度就会降低，且不利于发挥和调节课堂气氛。最后，过长的视频、理论性过强的内容容易让学生滋生疲劳，这对教学是有害的。

5.3 视频格式转换

5.3.1 视频格式

5.3.1.1 视频格式与分类

视频格式是指文件的编码与封装方式。根据编码与封装的方式的差别可以把视频分为影像格式（video）和流媒体格式（stream video）。

5.3.1.2 影像格式与流媒体格式

影像格式的视频是不能分割的，播放时稳定性好，画面、音质质量表现优秀，适合在本地播放，如果一定要放到网上，客户端也需要下载完毕后才能播放，下载完毕之前如断开还需要重新下载。当网络速度受限时，影像格式的视频难以播放，用户体验感会变差。

流媒体格式是运用流技术在网络上传输视频文件。这种技术是把连续的视频文件放到网络服务器上，用户只需要缓存一段就可以开始观看。当用户在观看的过程中，播放器会自动继续下载，这样就不需要像影像视频那样下载完后才能观看。流媒体格式的视频是在用户观看的过程中逐渐下载的，只不过这个下载过程对用户来说是透明的，所以用户的体验感很好。当然，网络的发展推动了流媒体格式视频的发展。

5.3.1.3 常见的影像格式文件

（1）AVI，即扩展名为 AVI 格式的视频文件。这是微软公司发布的音视频格式，这种格式应用性强，画面质量好，但是体积庞大。

（2）MOV，即扩展名为 MOV 格式的视频文件。这是苹果公司发布的视频格式，需要有 Quicktime 解码器才能播放。

（3）MPEG/MPG/DAT，即扩展名为 MPEG/MPG/DAT 格式的视频文件。它们是最常见的影像类视频格式，是由 ISO（国际标准化组织）与 IEC（国际电工委员会）联合推出的视频编码格式。这种格式的视频几乎被所有平台支持。

5.3.1.4 常见的流媒体格式文件

(1) ASF，即扩展名为 ASF 格式的视频文件。这是由微软公司推出的一种流媒体格式。这种格式的视频支持在线实时传播视频媒体，用户端可以一边播放一边下载，避免太多的下载等待时间。

(2) WMV，即扩展名为 WMV 格式的视频文件。这是微软公司为 Windows 自带的媒体播放器（Media Player）中的解码器推出的一种视频格式。这种格式既能满足流媒体技术的需求，又能以高解析度还原视频效果，视频质量受到用户肯定。

(3) FLV，即扩展名为 FLV 格式的视频文件。它也称为 Flash 视频，由 Flash 的生产公司 Macromedia（2005 年被 Adobe 公司收购）研发。用 Flash 流来播放视频，牺牲了画面分辨率，但是其体积小，速度快，因此在网络速度发展初期很受追捧。

(4) RMVB，即扩展名为 RMVB 格式的视频文件。它的前身为 RM 格式，是由 Real Networks 公司研发的音频视频压缩标准。这种格式可以根据不同的网络传输速率，采用不同的压缩比率，这样就能够实现在低速率的网络上实时传输视频和播放视频，并能够有效地减小视频体积，最大限度地保持画面质量。

教学课件制作或集成选用的软件环境不同，支持的视频格式也有差别。当发现视频不被支持或者无法播放时，需要考虑对视频的格式进行转换。

结合前面的视频格式知识，不难发现，通过视频格式转换，既可以满足不同环境的需求，也能够实现网络视频在多种客户端上的应用，如电脑、电视、平板、手机等，还可以有效地减小视频文件的大小，并能够提高保存的便利性。

视频格式转换的工具有很多，如超级转换秀、会声会影、格式工厂、QQ 影音、狸窝视频转换器等。

5.3.2 超级转换秀

超级转换秀是来自梦幻科技的优秀作品，是国产视频转换软件。它能实现不同视频格式的自由转换，还能够实现不同音频格式的转换。它能够帮助我们完成音视频的任意转换，为视频添加自定义水印，为视频叠加个性文字、字幕与图片，还可以为视频添加相框等特殊效果。

超级转换秀界面如图 5-1 所示。超级转换秀内置了国际顶级的解压技术，转换的速度高、质量好，几乎所有视频格式都可以被支持，包括 AVI、MPEG4、VCD、SVCD、DVD、MPG、WMV、RM、RMVB、FLV、MOV、GIF 等。该软件具备以下功能：

(1) 对电脑硬件的要求低，且能获得很好的转换质量和转换速度体验。

(2) 软件能够自动识别和使用系统内部安装的各种编码器，具有很强的智能识别与扩展功能。无须对软件本身升级就可以轻松提升转换速度，也能使用各个新的编解码器的所有功能。

(3) 操作界面友好，识别性强，上手容易。

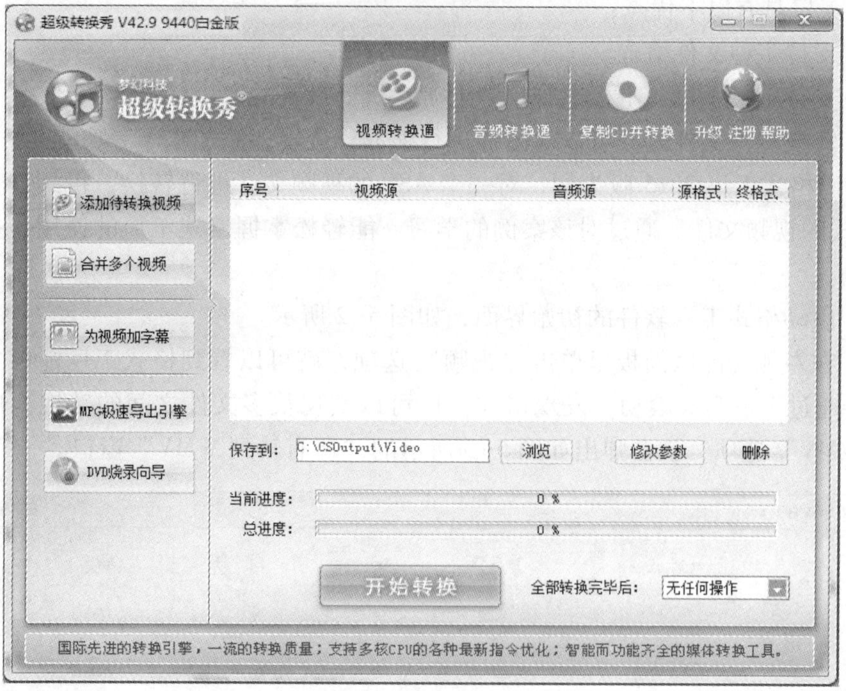

图 5-1　超级转换秀界面

（4）系统具有很强的兼容性。例如，切割、合并等功能往往对软件的要求高，很多软件都只能对非常有限的格式进行操作，但超级转换秀却能轻松支持绝大多数视频格式。

（5）软件能轻松实现叠加滚动字幕、水印商标、文字等功能。

5.3.3　格式工厂

最负盛名的多媒体格式转换器是格式工厂。该软件能完成大多数图片、音频、视频之间的转换，而且转换速度很快。在进行转换之前，用户可以根据个性化进行文件输出配置，也可以增添数字水印等附件功能。图 5-2 为格式工厂 2.15 版的工作界面。

图 5-2　格式工厂 2.15 版的工作界面

格式工厂具有以下优点：

（1）支持多种文件格式。

（2）支持苹果手机、平板电脑、掌上游戏机等设备的专用格式。

（3）转换图片文件时，可以对图片进行缩放、旋转、添加水印等功能。

下面以格式工厂 2.15 版为例，对一个 ASF 的视频文件进行转换，得到我们需要的 WMV 格式的视频文件。通过对该案例的学习，能轻松掌握格式工厂的使用。操作步骤如下：

（1）启动格式工厂软件的初始界面，如图 5-2 所示。

（2）在左侧功能区面板里单击“视频”选项，就可以看到格式工厂能够实现的转换功能，通过上下箭头滚动，发现格式工厂可以实现很多文件之间的转换。单击“所有转到 WMV”选项，就会弹出如图 5-3 所示的“所有转到 WMV”窗口。

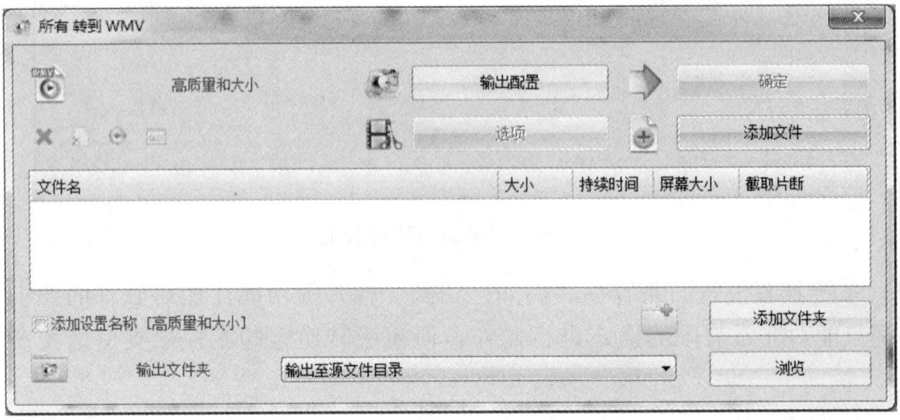

图 5-3 “所有转到 WMV”窗口

在“所有转到 WMV”窗口中，单击“添加文件”按钮，根据弹出窗口，定位原始文件 ASF 的位置，选定事先准备好的 ASF 视频文件，完成添加。如果需要再对输出格式进行设置，在完成文件的选定后还可以通过单击“选项”按钮，即可对视频进行简单剪辑操作。回到图 5-3 的窗口继续单击“输出配置”按钮，还可以对转换的视频进行水印、音频、品质、字幕等参数的设置，如图 5-4 所示。

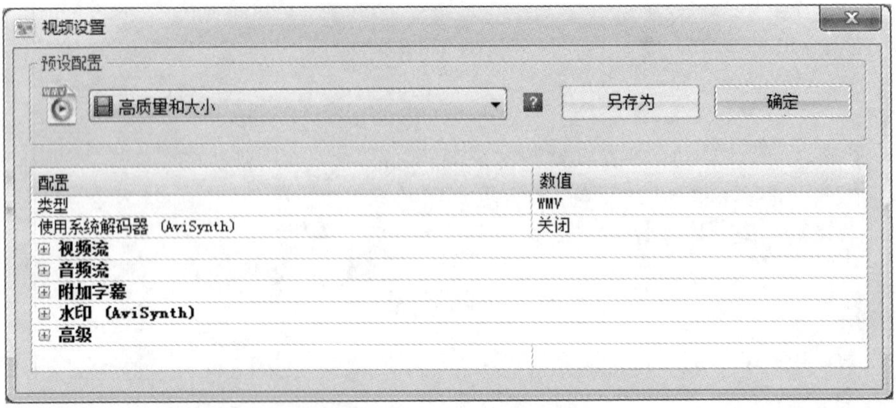

图 5-4 输出配置对话框

在图 5-4 所示的对话框完成设置后，单击“确定”按钮，回到图 5-2 的窗口。单击右下角的“添加文件夹”按钮，就可以制定转换后的视频并保存文件夹，通过单击“浏览”按钮可以设置结果文件的保存位置。

（3）各种参数设好以后回到图 5-2 的窗口，单击窗口顶部的“开始”按钮，立即开始转换，可以看到转换进度的百分比变化情况。

5.4 常用软件：喀秋莎的基本操作

视频制作的基本思路是先进行拍摄，再使用软件对素材进行后期处理，以得到自己想要的视频文件。其中，拍摄环境只能根据自己的硬件条件选择，这里只讨论视频的后期处理。后期处理的软件有很多，不同于专业的影视后期处理，教学视频的后期处理可以选用喀秋莎软件。喀秋莎软件的功能全面，可以满足家庭与个人的影片剪辑、各类短视频的编辑。利用该软件，我们可以轻松实现各类视频的转录、非线性编辑、剪辑。事实上，喀秋莎软件具备强大的非线性视频编辑、特效功能，除了在处理教学视频之外，它在很多方面还优于 Adobe 的专业视频编辑软件。因此，不管你的目的是什么，喀秋莎软件都可以给你带来很好的体验。

喀秋莎软件是一个同时具备视频编辑器、录制器、菜单制作器、字幕编辑器、剧场特效编辑器、视频播放器等强大功能的视频编辑软件。它可以帮助你轻松实现图像的抓取、编修和文件格式转换，提供丰富的视频编制功能与别具一格的视频特效，并且该软件还支持多种常见视频格式的导出功能。

下面我们从文件操作、素材导入、录制屏幕、轨道编辑、特效制作和视频分享六个方面来介绍喀秋莎软件的基本操作。

5.4.1 文件操作

喀秋莎软件的文件扩展名为.tscproj，这是喀秋莎软件的项目类型，并非视频文件。通过“文件”菜单可以新建或打开一个项目文件。任何视频的处理都是在一个项目文件中完成的。喀秋莎软件的操作非常人性化，默认情况下，启动软件时就自动创建了一个名为“未命名项目”的项目文件，当用户保存时会自动弹出“另存为”对话框。所有这些操作均可在图 5-5 所示的菜单中实现。

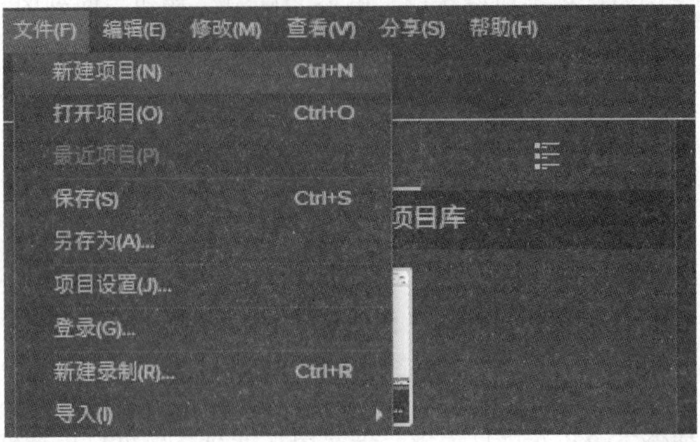

图 5-5 文件操作

5.4.2 素材导入

使用喀秋莎软件的目的是进行视频编辑，仅有一个项目文件是无米之炊。那么，需要处理的素材从哪里来呢？途径有两种，一种是通过喀秋莎软件录制，另一种是使用现有的素材。

本部分先介绍导入现有的素材方法。在左侧工具栏单击“媒体”菜单，打开工具栏右侧的项目库。对于新建的项目，会显示项目库中空空如也，如图 5-6 所示。单击“导入媒体”按钮，在打开的对话框中找到素材的位置，可以看到，喀秋莎软件能够导入包括 jpg、mp3、avi 等不同类型的图片、音频、视频文件等。在这里，我们可以选择不同格式、不同类型的多个素材同时导入项目的项目库，也可以通过“文件”菜单的“导入”功能导入素材，如图 5-7 所示。

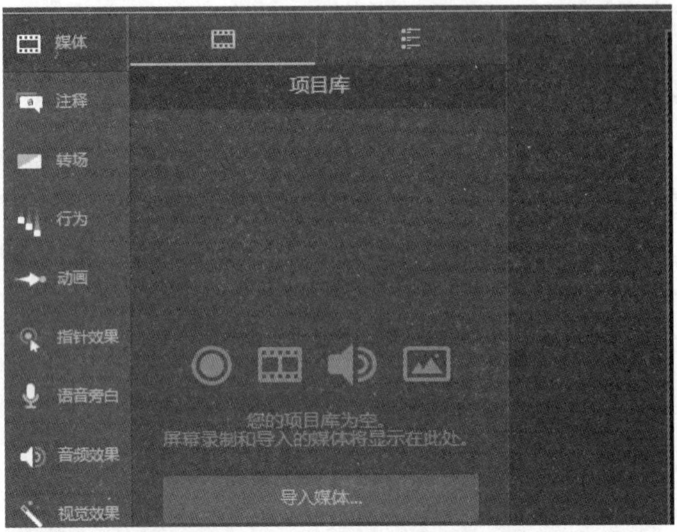

图 5-6 项目库

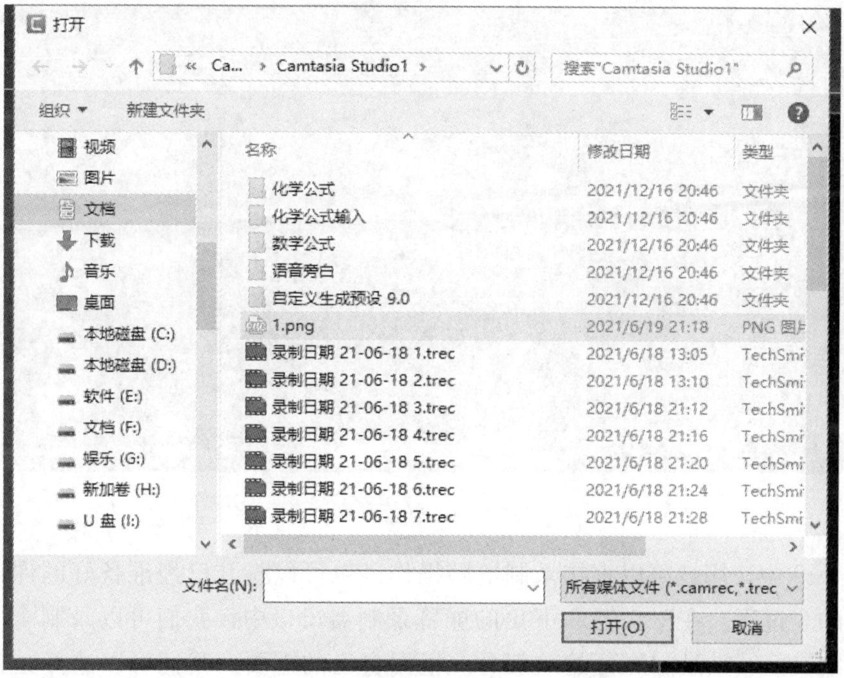

图 5-7　导入素材

值得注意的是，素材导入项目库，但并没有自动进入编辑轨道，我们还得根据自己的需要，把需要的素材拖放到不同轨道的某个位置，以符合视频的逻辑需要。

5.4.3　录制屏幕

喀秋莎软件在教学领域广受欢迎的原因在于屏幕的录制功能，用户可以非常轻松地学会录制屏幕，并制作属于自己的微课。

在喀秋莎软件的左上角有一个非常醒目的红色按钮，如图 5-8 所示。通过单击该按钮可以启动喀秋莎软件的屏幕录制器，进入屏幕录制界面，如图 5-9 所示。

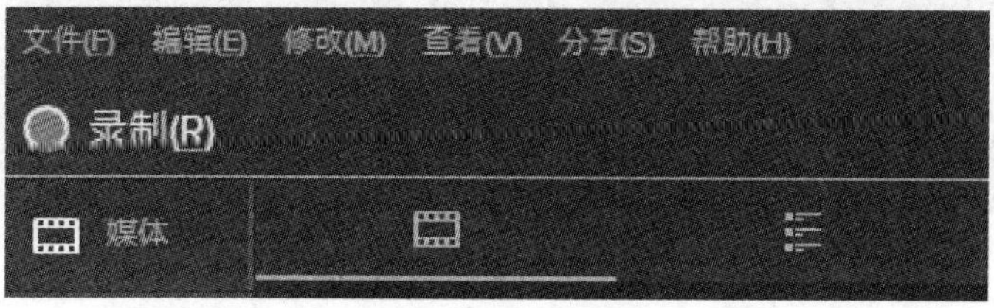

图 5-8　录制按钮

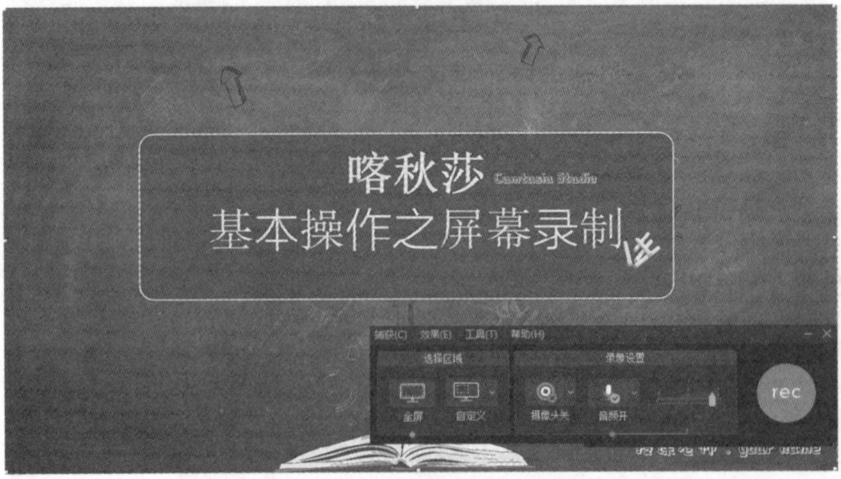

图 5-9　屏幕录制

在图 5-9 中，用户可以直接录制电脑操作，也可以打开已经准备好的课件，录制自己讲课的全过程。在图 5-9 右下角的屏幕录制器窗口中，我们可以录制全屏，也可以通过自定义区域来录制屏幕的一部分。根据自己的需要，我们可以选择是否开启摄像头（前提是电脑具备摄像头）来录制屏幕以外的画面，它一般用来录制演讲者自身。这里需要注意的是，如果用来录制演讲者自身，除了注意自身形象之外，还得为演讲者准备一个纯蓝色或纯绿色的背景，以便于后期抠图。图 5-10 是录制演讲者的效果。

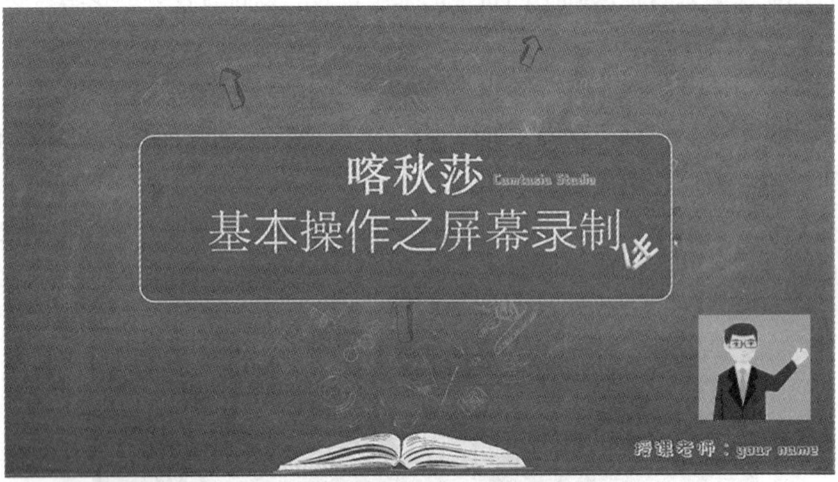

图 5-10　开启摄像头

在图 5-9 的屏幕录制器控制窗口中，还可以确定是否开启音频，如果打开音频就可以录制电脑系统的声音，如果电脑具有话筒，也会同时录制演讲者的声音。当然，如果录制之前没有开启摄像头和音频，也可以通过后期加入。

完成录屏的设置后就可以单击图 5-9 的红色按钮，在 3 秒倒计时完毕后会自动开始录制，且屏幕录制器的控制窗口会自动消失。同时，喀秋莎会提示我们按 F10 键停止录制。

值得提醒的是，在录制过程中不必紧张，即使有错误或失误也不要怕，更没有必要随意停止重新开始。如果发现有问题，可以自己纠正后继续录制，后期处理时把多余的、错误的部分剪切掉就可以了。

当录制完毕后可以按“F10”键停止录制，这时屏幕录制器会关闭，进入喀秋莎的主界面，如图 5-11 所示。我们可以看到，录制的视频素材自动放置到了轨道上，且通过预览窗口可以看到录制的视频画面，可以单击预览窗口的“播放”按钮观看，也可以拖动轨道上的时间刻度指示器，观看任意帧的静态画面。

图 5-11　喀秋莎主界面

5.4.4　轨道编辑

5.4.4.1　轨道的操作

（1）轨道增减

新建的喀秋莎项目文件自动有一个轨道，类似图片处理软件 Photoshop 的“层”。只不过 PS 的一层只能存放一张图片，是静态的，而喀秋莎的一个轨道可以存放很多的图片，看起来是动态的。像喀秋莎这样的视频处理软件也被戏称为动态 PS，既然是动态的，那就可以存放和处理多张图片，这里的每一张图片对应的时间刻度就被称为一个“帧”。

拖动项目库中的各种媒体素材放置到空白轨道位置处，喀秋莎会自动增加一个新的轨道来记录素材。另外，也可以在图 5-11 左下角轨道名称处单击右键，在弹出的对话框中单击“插入”选项就可以增加一个新的轨道，并根据自己的意图确定新增加的轨道与现有轨道的上下关系。值得注意的是，轨道建立好以后是不能调整轨道顺序的，要想调整轨道的上下关系，可以通过选中某一层上的全部媒体素材，在“编辑/排列”中改变上下关系来间接完成，之所以称为间接完成，因为这实际上是交换了轨道内的素材，轨道自身的顺序并没有改变。

对于不需要的轨道可直接删除，这样可以减少文件体积。在图 5-11 中的左下角，在待删除的轨道名称处单击鼠标右键，然后在弹出的快捷菜单中选择“删除轨道”，就可以减少轨道了。

（2）关闭与锁定

视频的编辑与处理过程中，可能会出现多个轨道，上面轨道的素材必然会全部或部分遮盖住下面轨道的同一时间范围的素材内容。有时需要观察下层的效果，往往需要临时把形成遮罩的上层轨道关闭。通过单击图 5-11 左下角轨道名称旁边的小眼睛图标就可以关闭该层的显示。这是反复性开关，再次单击就可以恢复轨道的显示。

轨道锁定的目的是保护轨道上的全部媒体素材，避免操作者无意中对轨道上的素材进行操作，形成破坏，甚至不被发现。一般对已经完成各项设置的轨道进行锁定以达到保护的目的。在图 5-11 左下角的轨道名称右侧有一个挂锁的图标，单击该图标就可以对轨道开锁或锁定。

5.4.4.2　轨道素材的操作

（1）素材的选取

当轨道上的素材较多时，可以用轨道视图缩放工具（如图 5-12 所示）来调整轨道各素材的视图比例，以便能够看到更多的素材，观察到某一个时间、某个素材的细节帧。当轨道上的素材很多或者轨道很多时，如果需要对素材进行相同的操作，为了提高效率，就需要同时选择多个素材，统一操作。按“Ctrl”键或“Shift”键+单击的方式可以完成多个素材的选择，不管这些素材是否为同一类型，都可按照此操作进行。如果要对某一轨道上的素材全部选择，可以在图 5-11 中的轨道名称处单击右键，在弹出的快捷菜单中单击“选择轨道上所有媒体”选项，就能轻松完成轨道上所有素材的选取。

图 5-12　轨道缩放

实际操作时，选取素材往往是对某一素材的某一时间范围进行选取。这就需要利用轨道上的时间刻度指示器，因此需要放大该部分的视图比例，甚至放大到每一帧的刻度可见，再配合视频预览窗口，准确定位需要选取的起点帧和终点帧，这样才能精确选取。如图 5-13 所示。

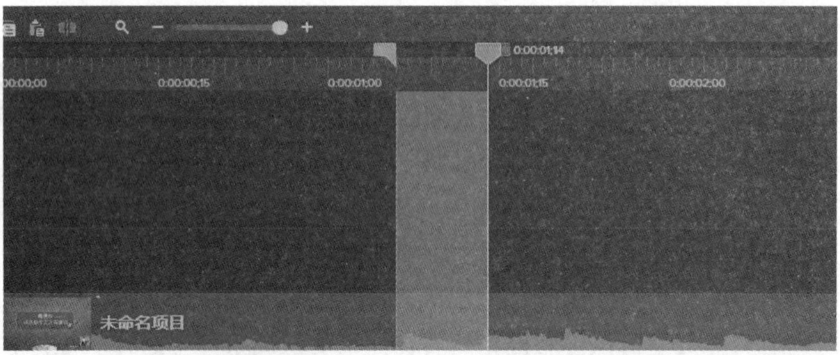

图 5-13　选取部分素材

（2）素材的基本操作

在图 5-14 中，对选中素材单击右键，可以看到快捷菜单中的基本操作与 Windows 的基本操作一致，都包括复制、剪切、粘贴和删除等，甚至连快捷键都是相同的。这里需要说明的一个基本操作是“波纹删除”，“波纹删除”和“删除”的相同之处是能把选中的素材删除掉，但是不同之处是“删除”功能把选中的素材删除后，就有等长的时间空隙，如果没有其他安排，还得把后面的素材全部往前移动。当然，要删除的部分本身位于最后一个素材的尾部就无所谓了。而“波纹删除”在删除选中的素材后，后面的素材会依次自动往前靠，这为我们减少了很多操作，带来了很大的便利。

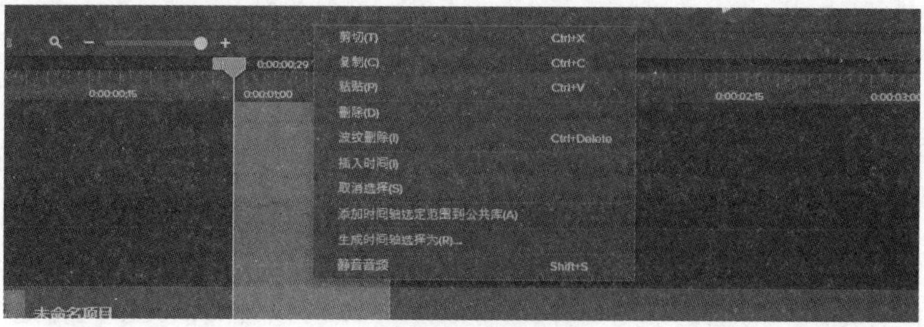

图 5-14　素材的基本操作

图 5-14 中，还有一个功能叫作“插入时间”，这也是非常有用的。该功能用来在选定时间范围内插入一段空白的时间，然后插入另一段视频。比如，要植入广告或其他视频，此方法就非常方便，因为植入广告或其他视频后，后面的素材会自动往后退。

图 5-14 中的“静音音频”功能也很有用，我们可以用来只对这部分素材静音，而非全部素材。

（3）素材的分割与缝合

轨道上的素材可能存在冗余部分，如在录制过程发音错误重新录制、动作有误重新录制或录制过程中演讲者因思考而画面保持的时间过长等。在进行编辑时就需要把这些冗余的视频剪切掉，或者因为其他需要，要把素材断开。把时间线指示器移动到断开位置以后，就可以通过“编辑/分割”功能把素材切断，这时一个素材就变成了两个素材了。如果选中了多个轨道的素材或者一个素材都没有选定，那么可以使用“编辑/分割所有”功能，这时喀秋莎就会把时间指示器对应的所有轨道上的所有素材全部一分为二，如果音频是单独的轨道，这样就能保证音视频同步，且显著提高效率。

分割相反的操作就是缝合。但需注意，缝合需要选中相邻的两个以上的视频，这些视频之间不能有时间间隔。缝合一个，选中的视频片段就会被“焊接”在一起，变成一个视频素材。为了表面缝合的效果，在缝合的位置有一条褶皱，代表这是缝合的效果，但这不影响视频的观看效果。

（4）音视频分离

录制的素材里，往往包含音频和视频，这可以从轨道波形图看出，如图 5-15 所示。有的时候需要对音频单独编辑、修改配音、添加旁白，等等，这就需要把音频从视频里分离出来，形成一个单独的轨道。分开后可以选择性地对音频和视频进行单独编辑。

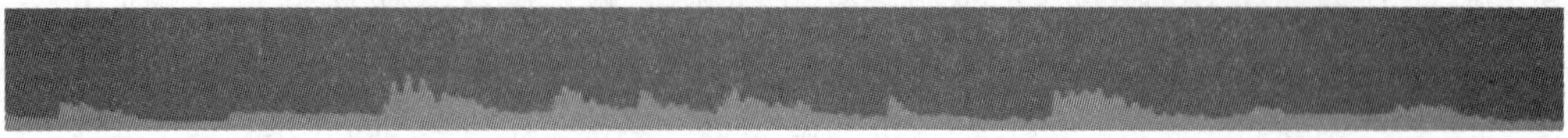

图 5-15　轨道波形图

选中需要进行音视频分离的素材，单击“编辑/分离音频和视频”选项就可以轻松完成音频、视频的分离，且会单独增加一个轨道来记录音频。

5.4.5　特效制作

5.4.5.1　注释

在图 5-16 中单击左上角的“注释”按钮，可以看到喀秋莎提供的六大类视频注释工具，包括文字、箭头与直线、形状、模糊与高亮、草图运动和击键。下面以文字注释为例来介绍注释的应用方法：

文字注释是默认的也是常用的注释。从图 5-16 可以看到，文字注释是非常丰富的，可以选择不同风格的样式组，每一种样式组里都有不同样式的文字注释。

图 5-16　文字注释

使用注释之前，要明白它与时间有关的两个前提：一是在时间线的哪个位置，因此先要通过预览确定时间标识的位置；二是注释需要持续的时间长短。

把某一个注释拖到画面上预定的位置后，双击文字编辑处，就可以修改注释的内容。另外，还可以通过图 5-17 右下角的“属性”按钮，打开有关本注释的其他设置，包括缩放大小、透明度、是否旋转、阴影效果等。属性选项的顶部还有更多关于本注释的设置功能，能够让你为视频的某一部分做出更漂亮的注释来。

图 5-17　注释属性

“箭头与直线”类注释提供了不同风格的箭头和直线。“形状”类注释提供了矩形、星形、三角形、多边形、椭圆等形状注释。“模糊与高亮”类注释：为了保护个人隐私、避免侵犯肖像权或其他目的，可以利用模糊注释工具对画面的局部进行模糊或者马赛克像素化；反之，也可以对需要特别强调的画面使用高亮工具进行突出显示。“草图运动”类注释可以做出具有动感的草图圈释、指向、引导、肯定与否定的注释，让画面更生动。如果你的视频是讲解软件或仪器面板功能的使用，还可以使用“击键”类注释，在关键时把需要操作的按键以强调的方式注释出来，以增强视频的教学效果。

5.4.5.2　转场

为了增强视频的吸引力，我们往往会在不同的镜头转换之间做一个转场效果，如图 5-18 所示的立方体旋转转场效果就比直接硬切换的效果要美观一些。

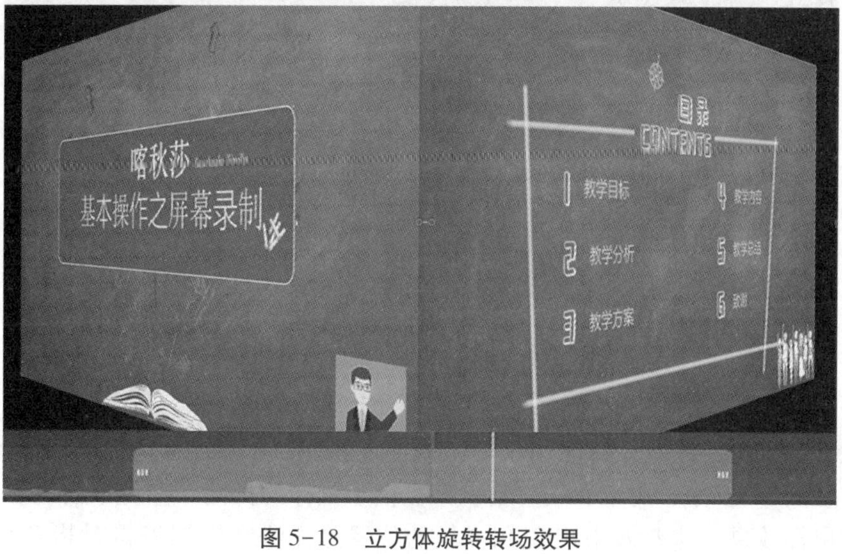

图 5-18　立方体旋转转场效果

单击图 5-16 左上角的“转场”按钮，可以看到喀秋莎提供了丰富的转场效果。每一种转场都可以通过单击鼠标悬停的方式预览效果，觉得满意就直接拖放到需要切换的两个素材之间。这时可以看到两个素材交接处的颜色变化。转场效果只能放在视频开始或结尾以及两个视频素材的交界处，其他地方是不能放置的。放置后的轨道转场效果如图 5-18 所示。另外，通过拉伸或压缩轨道上的转场效果两端的控制点可以改变转场持续的时间长短。

5.4.5.3 行为

单击图 5-16 左上角的“行为”按钮，可以看到各种行为。行为特效是施加在某一个素材对象上的，即素材持续的时间有多长，行为的持续时间就有多长。虽然这些行为可以施加在任何一种素材上，但一般还是使用在比较小的对象素材上面。其中用于文字的时候最多，即通过“注释”放置一个文本，然后为这个文本添加一个行为，就可以做出一个文字的动画。这可以用来制作片头的标题动画效果。

5.4.5.4 动画

喀秋莎提供的动画主要针对轨道上的素材，而非素材里面的动画。从图 5-19 中我们发现，喀秋莎提供了缩放和平移、动画两种风格的动画，这两种动画其实是不可分割的。动画下面有很多效果模板，可采用悬停的方式预览。我们直接将某一个动画效果拖到轨道上的预定素材上，可以从素材轨道上看到一个绿色的前粗后细的箭头，选中变成黄色，如图 5-19 底部。至于动画的变化幅度可以通过图 5-19 的右下角的“属性”按钮开启属性参数设置。分别把时间标识移动到动画箭头的头和尾，再调节这些属性参数，就可以通过预览或者移动时间标示线看到动画的效果，可以反复调节直到满意为止。

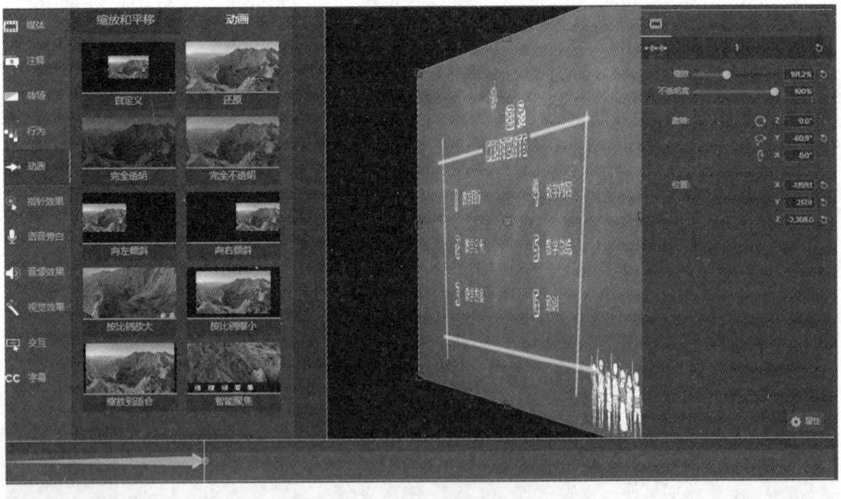

图 5-19　动画设置

5.4.5.5 指针效果

喀秋莎提供的指针效果只能用于屏幕录制的视频，而导入的视频是不能使用指针效果的。在图 5-20 中，可以看到，喀秋莎提供了鼠标的指向、左键单击、右键单击三种类型的鼠标效果。这些效果出现在视频的位置是无法在后期编辑时指定和修改的，它们是依据屏幕录制过程中鼠标的变化情况而确定的。

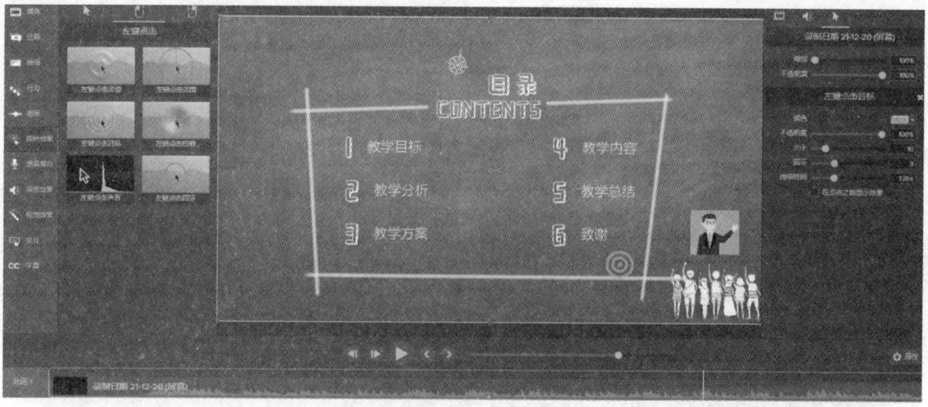

图 5-20　指针效果

在图 5-20 中，选择指针效果的左键单击效果中的“左键单击目标”效果，即图中左侧绿色多重圆环标记，拖动到轨道素材上后，移动时间线可以看到在录制过程中单击鼠标左键的位置就出现了这个效果。当然，效果也可以在右侧的属性参数中进行调节。而轨道上有一个向上的小箭头（图 5-20 的底部中间有标记处），单击该箭头就可以在轨道上素材的波形图里增加特殊效果，这就是添加的指针效果。根据需要，可以调整指针效果作用的时间范围，也可以删除效果。

5.4.5.6　语音旁白

在录制过程中，一般会自动录制音频。但是在后期编辑过程中，可能发现某一步音频录制有错或者不满意，那么就需要在后期进行视频编辑时把对应时间段的录音分离（音视频分离前面已经讲述过，不再赘述），然后把需要替换掉的音频删除。这种情况就需要使用喀秋莎提供的“语音旁白”功能。如图 5-21 所示，可以直接在喀秋莎中进行旁白录制。录制完毕后，自动形成新的音频轨道，起点就是时间标识处。

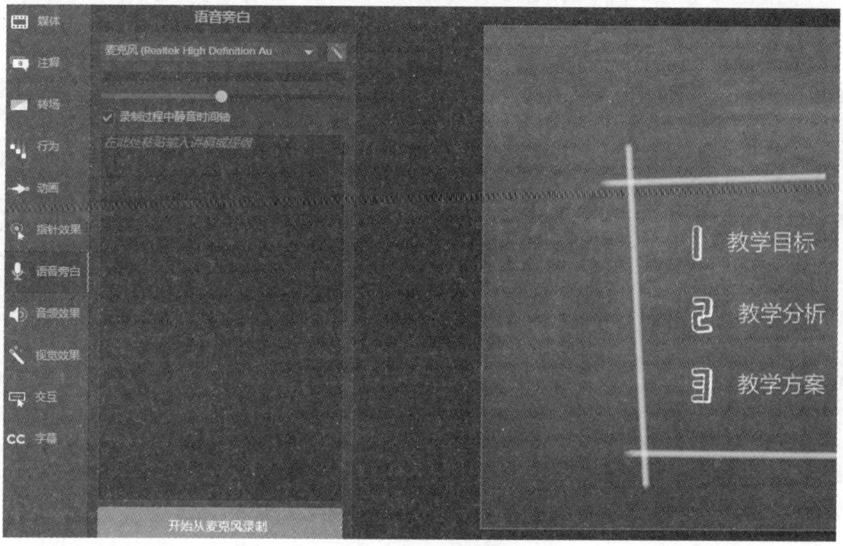

图 5-21　语音旁白

当然，如果觉得喀秋莎的录音效果欠佳，也可以通过其他途径录制好后，导入喀秋莎。

5.4.5.7 音频效果

音频是课件不可或缺的重要组成部分，喀秋莎可以帮助我们为音频添加特殊效果，如降噪就可以去掉一些烦人的杂音，让课件听起来更干净。如果录制的音频音量不足，喀秋莎还可以帮助我们提高音量。如果改变音频的播放速度，可以生成提速或减速效果。在图 5-22 中，把淡入效果拖放到轨道 3 上，从图中底部的轨道上可以看到该特效的波形图，利用鼠标拖动可以调节淡入效果持续的时间长短和变化幅度。当然，不要忽略了每一个特效都有一个属性设置，可以在属性参数里进行更为丰富的效果设置。

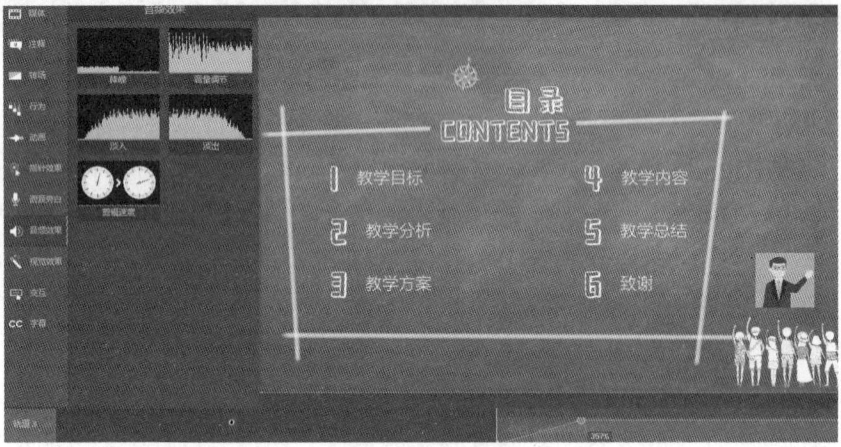

图 5-22 音频效果

5.4.5.8 视觉效果

视觉效果可以帮助我们对视频素材添加阴影效果、制作边框，它可以统一为某一个视频素材调整色彩，也可以起到视频抠图的作用。通过剪辑速度来调整视频的播放速度，可以生成慢镜头或快镜头效果。图 5-23 显示了喀秋莎提供的视觉效果。

图 5-23 视觉效果

在图 5-23 中，利用删除颜色特效为演讲者抠图。为了提升抠图的效果，被抠除的背景一般选择纯绿色或纯蓝色。把“删除颜色”特效拖到演讲者素材轨道上，就会发现作为背景的绿色像素大部分已经被删除了，但一些边缘部分依然还存在绿色像素，这可以通过图 5-23 右边的参数调节，如可接受范围、柔软度、色相、边缘修正等，直到自己满意为止。

5.4.5.9 字幕

在教学视频的制作过程中，考虑到各种原因，如教师的发音不够标准或学生看视频的环境不方便使用声音，又或者有些内容用文字表达更贴切等，就需要用到字幕。当然，不一定需要把老师说的全部内容用字幕显示出来，可以有选择地使用字幕。字幕的制作可以分为同步字幕和手动字幕两种方式。

（1）同步字幕

制作同步字幕，首先要把字幕需要的文字全部准备好，为了操作方便，最好是一句一行的格式。在图 5-24 中，单击左侧工具的“CC 字幕”按钮，即可进入字幕添加窗口。把事先准备好的字幕全部粘贴在第一时间的字幕文字处，然后单击图 5-24 左上角的设置按钮，选择其中的“自动字幕”，就可弹出操作向导提示，如图 5-25 所示。

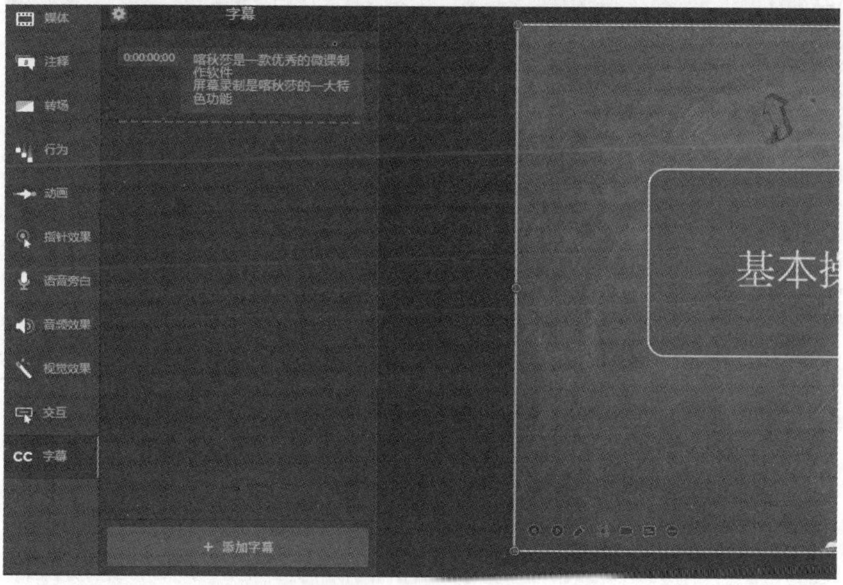

图 5-24　添加字幕

这个向导告诉我们，在播放视频的过程中，注意听视频中的讲话，只要听到对应字幕的第一个字就单击图 5-24 中准备好的字幕文字的第一个字，这样持续进行，直到所有文字都已经形成字幕就可以停止了。理解了同步字幕的制作就可以单击图 5-25 中的“继续”按钮，采用这种方法可以很快地完成字幕部署。制作好的字幕如图 5-26 所示。

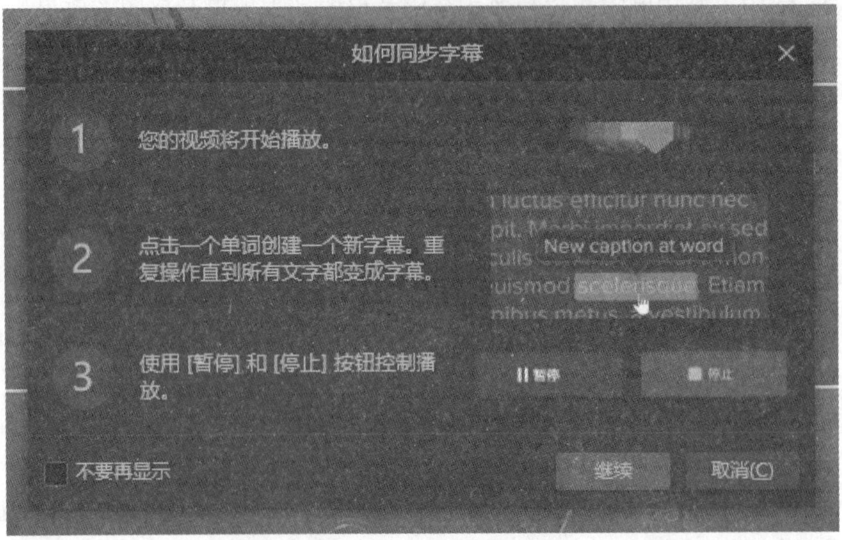

图 5-25　同步字幕

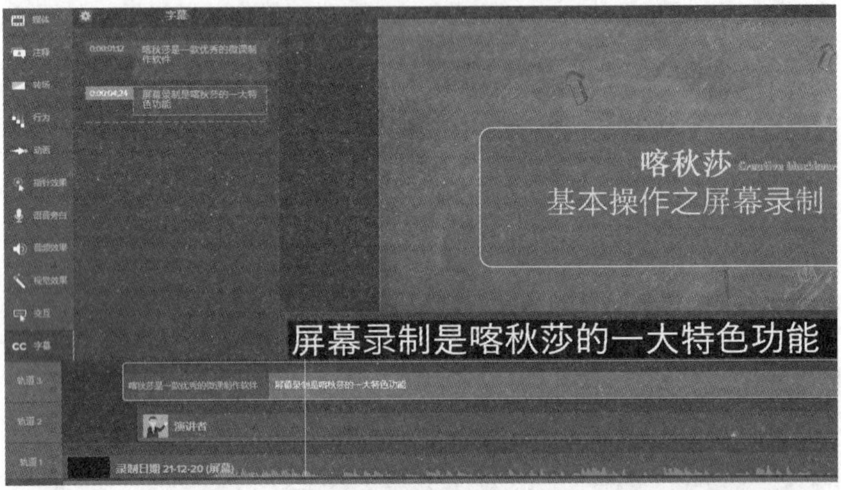

图 5-26　字幕同步完成

在图 5-26 中，听到每一句字幕的第一个字就单击字幕文字中的第一个字，喀秋莎就会自动把字幕文字在对应的时间处断开，形成两句独立的字幕，继续操作，直到文字中的每一句话都独立为一个字幕为止。这种方式适合文字较多的字幕制作。

（2）手动字幕

手动字幕往往更适合字幕文字相对较少、对自动字幕把握不准的情况。我们可以反复听，找准一句字幕的第一个文字发音的时间帧，把时间指示器移动到对应的帧上，单击图 5-24 中的“添加字幕”，然后在字幕空白处输入这一句字幕的文字。重复操作，直到所有字幕全部制作完毕。

5.4.6　视频分享

视频制作完毕后，在喀秋莎中直接保存得到的是项目文件，无法得到最终的视频文件。如需要形成最终的视频文件，就要分享视频文件，如图 5-27 所示。我们从图 5-27 的分享菜单中看到，可以把视频分享为本地文件或直接分享到网络上。另外还有“导出帧为”“仅导出音频”两个功能。前者可以把时间刻度指示器所在的帧导出为一张静态图片，后者可以帮助我们获得音频文件。

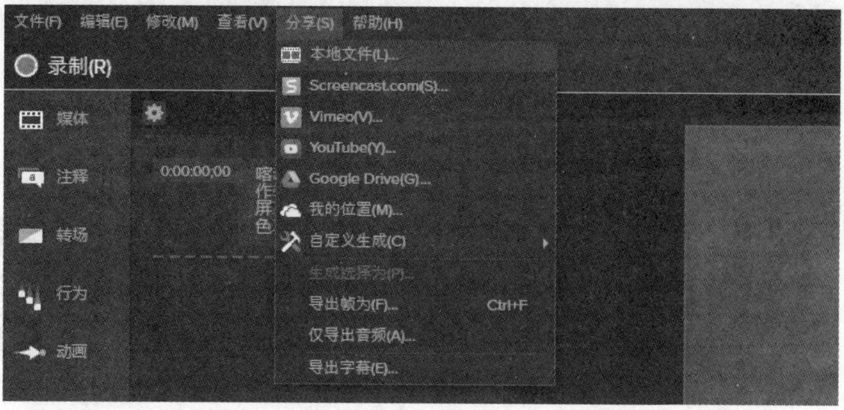

图 5-27　视频分享

思考与练习

1. 如果要在某一个素材中间的两个镜头之间添加转场效果，需要进行什么操作？

2. 行为的时间长度可否调整？

3. 指针效果是针对哪一种视频使用的？

4. 指针效果的位置是怎么确定的？

5. 同步字幕中，听见某一句话的第一个字后应当怎么做？

6. 可否把视频的某一帧画面延长到指定的时间，起到时间定格的作用？怎么实现？

6 数字化教学资源集成

■内容提要

本章的内容是对前面几章所学内容的整合，同时也是我们学习这门课程的一个落脚点。本章首先介绍了数字化教学资源相关的一些主要理论概念，并通过案例介绍了 PowerPoint 集成制作一个完整的多媒体课件。其次，通过一个综合案例介绍了利用 Animate 制作一个多媒体课件的过程。最后，介绍了一种新的数字化教学资源——微课。在简单介绍了微课的相关基础知识后，通过案例展示了利用喀秋莎制作微课的步骤和流程。

教育资源是指各学科教材课本，新闻媒体及耳闻目睹的一些社会现象，自然环境，学生学习的方法、态度、能力，教师的教育教学观念、个人修养、施教手段等。

数字化教学资源本质上依然是各种教学材料，只不过是经过了数字化处理，让这些客观存在的物理材料或模拟化的无形资料变成了二进制信息，以文件的形式存储在计算机中，可以通过计算机网络传输，在计算机或智能设备上运行。教育信息化是推动教学资源数字化的内在动力，因为现代教育教学变革，新的教学模式构建的前提就是要教学资源的数字化。所以，面临新的教育教学改革，每一位教师都应当具备相当的信息素养，必须掌握数字资源的使用方法。教育信息化持续推动数字化教学资源建设和应用的最终目的也是深化教学改革，促进师生共同发展。

本书前面五章依次介绍了文字资源的处理与制作、图片资源的处理与制作、声音资源的处理与制作、动画资源的处理与制作、视频资源的处理与制作等知识内容。在本章我们需要把前面的知识综合运用，通过各种方法收集各种媒体素材，然后把这些相对独立、分散的数字化教学资源融合为一个有机的整体，使其协同作用，凸出表达教学设计思想，浑然一体，成为一个完整的多媒体教学课件。

6.1 使用 PowerPoint 制作课件案例

PowerPoint 软件操作界面友好、简便，非常容易上手，素材的整合也方便，是制作“电子幻灯片”教学课件的首选。现在，我们以一个教学案例的形式介绍如何使用 PowerPoint 软件来制作一个多媒体演示课件。本案例主要从制作流程的角度介绍使用 PowerPoint 来制作演示型课件，重点讲解在 PowerPoint 幻灯片中如何使用各种多媒体素材，以及课件制作完成后如何增强课件的移植性等常见问题。

6.1.1 前期的准备工作

选题是教学设计首先需要完成的任务，围绕选题展开设计后就确定了教学内容，然后根据确定的主要教学内容来开发多媒体课件。在本案例中，教学内容为针对某个中学生班级开展的主题教育班会——“谈谈上网的利与弊”。

为了便于分类整理，做到有序管理，我们在计算机的某个存储区（盘符）下为此课件创建一个专用的文件夹。在这个文件中使用 PowerPoint 建立幻灯片，利用其他软件和设备准备好的素材，按照统一的命名规则全部分门别类地建立子文件夹并保存在该文件夹中。这样，就能够在课件的制作过程中方便地查找相应的素材，或者根据课件开发过程的需要，方便地对素材进行进一步的调整和修改，从而当课件制作完成后也能够方便地进行统一发布与移植。

课件的内容一旦确定下来，就需要理清待开发课件内容的基本结构，需要考虑把必需的知识内容合理地分成哪几个部分，并罗列出每一个部分必须包含的知识点等。根据当前这个主题班会的课件内容，确定教学内容是让中学生学会客观、全面、理性地评价互联网络的利与弊，教学的重点是要利用一些离我们很近的、鲜活的案例来告诫学生应当科学合理地使用网络，让学生体会到沉溺于网络游戏的害处，从而起到警示作用。而教学的难点是如何让学生理解网络是一把“双刃剑”。因而在设计课件时就需要考虑怎样才能有效地利用多媒体的技术优势，把网络的利与弊用鲜活的案例充分展示在学生面前，要有很强的带入感，让学生能够切身体会从而产生共鸣。

6.1.2 版式的选择与设置

采用幻灯片集成课件，应当根据课件的内容结构选择一个合适的主题，为课件形成一个统一的风格，具备预先设置好的颜色更换、背景，即课件外在表现的统一定调。

确定好幻灯片的主题后，还应当为幻灯片选择或定制一个或多个模板，让幻灯片具备标准的样式（含图片和动画），多数幻灯片直接输入内容即可完成。模板的选择也是需要考究的，PowerPoint 为我们预留了很多标准的设计模板选项，包含了几十种幻灯片设计模板，当然版本越高的 PowerPoint 提供的模板越丰富，选择面越大。WPS 提供的幻灯片模板结合了中国人的习惯，且数量更多。当然，我们还可以到互联网上购买或下载自己喜欢的精美模板。对于网上下载的幻灯片模板文件，可以直接采取“打开另存”的方式使用。如果需要丰富自己的幻灯片软件，那就有必要将其放在 PowerPoint 的模板文件夹下，与标准模板一起工作。一般来说，标准模板文件存放在 C：\Program Files\Microsoft Office\Templates\Presentation Designs 文件夹中。

当然，如果你觉得系统的模板或网上下载的模板都不完全符合自己的需要，那么就需要自己定制或者在相对满意的模板上进行适当修改了，从而让模板具备个性化，更符合自己的需要。这时，就需要对幻灯片的母版进行修改，幻灯片的母版保存了有关应用的设计模板信息，如字体信息、图片或其他对象的占位符大小或位置、整个背景设计与配色方案。

在幻灯片母版视图里对模板进行设计与修改，一定要清除母版的作用范围和使用方法。在母版视图里，编号为 1 的幻灯片是作用范围最大的母版式幻灯片，任何一张幻灯片都是基于这张母版式幻灯片而建立的，如果你觉得自己的幻灯片没有使用任何母版，那只能说明你的母版中的母版式幻灯片是默认的标准版。在这张幻灯片上设置的字体、颜色、添加背景、动画等，将在所有幻灯片页面中全部体现出来。所以，针对自己的课件，如果想拥有统一的风格，在母版视图中修改这张幻灯片即可。但需要强调的是，在母版上一般只需要定义样式，不输入具体的文本内容，这些代表实质的文本内容需要切换到幻灯片的普通视图状态完成输入。当然，一些标记性的 LOGO 可以放到母版式页面中，以便让所有幻灯片都出现相同内容。根据本案例的内容结构，为了表达强烈的对比性，可在母版中采用红色和黑色对比的背景色彩，如图 6-1 所示。

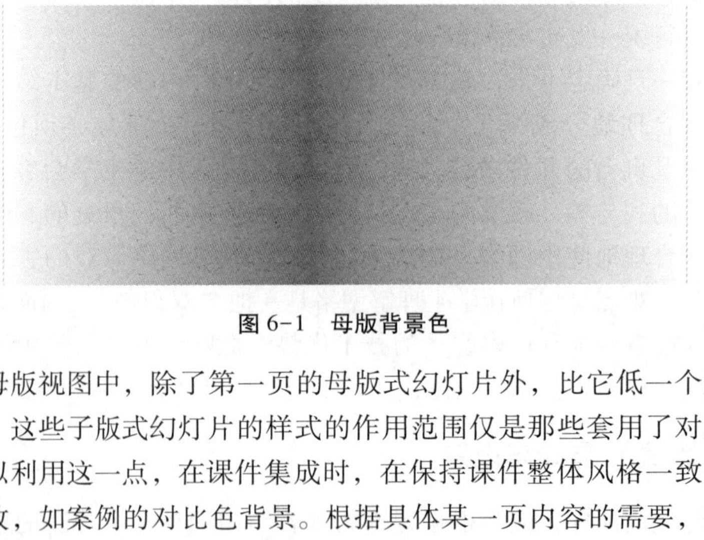

图 6-1　母版背景色

在幻灯片母版视图中，除了第一页的母版式幻灯片外，比它低一个层次的都称为子版式幻灯片，这些子版式幻灯片的样式的作用范围仅是那些套用了对应的版式的幻灯片。我们可以利用这一点，在课件集成时，在保持课件整体风格一致的前提下，对幻灯片进行修改，如案例的对比色背景。根据具体某一页内容的需要，要将该页的背景换成其他背景时，只需要在这张幻灯片的版式对应的子版式幻灯片上修改对应的母版即可。修改好了之后，与该幻灯片使用同一版式的多张幻灯片就具备了独特的风格了。

6.1.3　编辑各张幻灯片

完成幻灯片模板设置后，就可以切换到普通视图进行编辑了。幻灯片的首页在课程讲授之前往往要暂停，用以显示课件的标题与授课者（制作者）等基本信息，是整个课件的封面。幻灯片课件应当具备一个内容引导页面，一般是用第二页来展示课件的内容目录和一些简要知识点，起到导航的作用，以便让学习者清楚即将学习哪些具体内容。制作引导页幻灯片时，可以采用超级链接的方式将其与对应的幻灯片相联系，以便教师演示讲授，做到脉络清晰，其余的幻灯片为各个知识点的具体内容展示。根据习惯，最后一页为致谢，作为课件封底。

在各个知识点对应的幻灯片编辑过程中，对于文本信息可以直接用文本占位符或文本框来输入、装饰完成，对于图片可以用图片占位符或直接插入图片来完成，同样的方法也适合于声音和视频插入。这里重点讨论背景音乐的设置与 Animate 动画的使用。

6.1.3.1 设置声音文件作为背景音乐

作为背景音乐的音频文件相对播放时间较长，一般要持续播放到幻灯片放映结束。因此，在选择好背景音乐文件后，需要在首页幻灯片中插入音频文件。在插入声音后，首页幻灯片中就出现了用于控制声音播放的小喇叭，可以勾选“播放时隐藏”以增加美观。同时，需要设置声音的“跨幻灯片”播放以及“重复播放，直到停止”等选项，从而确保幻灯片在整过播放过程中有声音。当然，也可以根据需要，只在部分幻灯片中进行播放，在“自定义动画”的任务窗格中设置声音“选项”命令，指定在第 N 张后停止播放即可。这里 N 的值根据自己的需要进行设置，想在哪里停就能在哪里停。

一般来说，尽量把声音文件嵌入课件，这样就能避免声音文件的丢失或损坏而导致无法播放。幻灯片能够嵌入大多数的音频文件格式，如果嵌入失败，可以考虑把音频文件的格式转换为 wav 格式。如果文件过大，就没有必要嵌入课件，避免造成课件文件太大，影响播放效果。

6.1.3.2 Animate 动画的使用

可以在 PowerPoint 中使用 Animate（也称为 Flash）动画，丰富课件的效果。在幻灯片插入动画有三种方法：第一种方法是使用超链接的方式直接链接到外部 swf 文件；第二种方法是作为对象把 swf 动画文件插入文件；第三种方法是依靠控件管理器，把 Animate 动画直接嵌入 PowerPoint 工作区。前两种动画播放都需要调用外部的 Animate 播放器。第三种方法的操作相对复杂，可以参考如下步骤：

如果使用的是早期的 PowerPoint 软件，需要在视图菜单下选择工具栏的控件工具箱，在控件工具箱面板中选择 Shockwave Flash Object 控件。然后在 PowerPoint 的工作区单击或拖出一个矩形区域作为动画窗口，在该动画窗口的右键菜单中可以对一些常规属性进行设置。通过其中的 Movie 属性可知指定需要播放的 swf 文件，如 E:\多媒体课件\动画\片头.swf。

如果使用的 PowerPoint 版本比较新，如 2010 版及更高的版本，设置则更为复杂，需要按照以下操作才能调出控件工具栏：选择“文件”→“选项”→“自定义功能区”选项，在“下列位置选择命令”中选择“主选项卡”→“开发工具”选项，然后单击“确定”按钮，就可以使用控件工具了。另外，如果要把该 Animate 动画嵌入幻灯片，而不是以链接的形式呈现，则需要在属性面板中设置 EmbedMovie 属性值为 True。

由于 Windows 和 PowerPoint 对 Animate 的 swf 动画文件的支持力度随着版本的提升而下降，建议在 Animate 中制作完动画后，发布为 exe 格式的独立播放文件，然后以超级链接的方式在幻灯片中引用。

6.1.3.3 视频文件的使用

相对动画而言，视频有自己的优势。本案例需要向学生展示一些非常典型的案例，如果能提供一些真实的视频文件，就更能从心灵深处触动学生，引发共鸣，而不是仅仅停留“上网文明公约”熟读记忆。在展示网络正面功能的时候，可以从网络资源共享及网络通信两方面来着手，提供一些文字资料或具体数字。而对网络的负面影响就需要浓墨众彩说明，因此可以提供一些视频来展示，尤其是发生在身边的视频，这样能更深刻地触动学生。比如，可以搜集一些网络游戏对身心健康产生严重影响的案例、网游诱发的暴力犯罪事件，以及网络诈骗、网络赌博等行为。

对视频资源的搜集进行处理时，除了需要放到先前建立的文件夹中进行统一管理之外，还应该从头至尾全部看一遍视频，对内容要进行判断、筛选和处理，同时还要考虑视频的分辨率、流畅度、文件格式与文件大小等。

6.1.4 设置各个超链接

编辑好的幻灯片要根据自己的课件结构的逻辑关系进行有机组合，确定链接的文字等对象和链接的目的地，从而更为清晰地呈现需要传递的知识内容。

PowerPoint 提供了非常丰富且操作简单的链接设置和修改功能，可以根据需要做到随心所欲。PowerPoint 提供的超链接可以设置文本、图片等多种不同的对象为链接源；而链接的目的地地址则更为灵活，可以是该幻灯片文档中的其他任何一页，也可以是互联网上的任意一个合法网址，还可以是本地电脑里的任何类型的文件。当然，如果要链接本地文件，最好统一放在课件的文件夹中，以便于管理。通过超级链接的跳转功能可以实现知识点的跳转切换或页码跳转等功能。

超级链接的形式多样，操作方法却非常简单：先选中链接源（文字、图片等），再选择“插入”菜单下的“超链接”选项或直接使用组合键“Ctrl+K”，在弹出的窗口中根据预先的计划设置链接的目的地地址。

在本案例中，根据教学设计，使用的链接都是本地视频文件，因此在制作超级链接之前一定要在课件的文件夹中准备视频文件，且能够正常播放。

6.1.5 课件应用

幻灯片课件制作完成后，就可以直接用于课堂教学或者自动播放的视频展台等不同场合。一般情况下，播放幻灯片的电脑并非制作幻灯片的电脑，即播放幻灯片的环境发生了改变。为了确保幻灯片在其他场景能正常放映，可以把文件夹整体复制或者打包后使用。

6.1.5.1 复制文件夹

如果目标计算机有 PowerPoint 软件，则可以把幻灯片课件的文件夹全部拷贝，包括制作完成的幻灯片课件和相关的素材等全部资源。另外，还应考虑视频播放需要的播放器是否具备，如果目标计算机无法播放对应的视频文件，还需要进行视频格式的转换或者复制一个能够播放对应视频的播放器安装软件，到了目标计算机后，要对播放器进行安装。为了防止目标计算机上的 PowerPoint 软件不具备或不能正常打开幻灯片课件，需要在制作课件的 PowerPoint 中把课件发布为 PowerPoint 放映格式（＊.pps 或＊.ppsx)，这样在播放幻灯片的时候就不需要 PowerPoint 环境了。

6.1.5.2　打包播放

当制作的幻灯片文件数量较多、素材较多，或者没有建立文件夹进行统一管理的时候，如果要把幻灯片移植到不同的环境去播放就可能会遇到一系列的问题，如用于链接的本地文件在磁盘上不同的文件夹中，或者这些文件使用了不同的播放器等，通过简单复制文件夹的方式很难操作。PowerPoint 为此提供了“打包”功能来完美解决这一难题。

课件制作完成以后，该怎么来对课件进行打包操作呢？在“文件”菜单下找到“导出”命令，在图 6-2 所示的“导出”选项面板中可以看到本案例使用的“将演示文稿打包成 CD”功能，单击该选项后弹出如图 6-3 所示的“打包成 CD”对话框，根据需要可以选择多个幻灯片文档一并打包。即使这些文件不在同一个文件夹下，也可以通过添加按钮选择更多的文件打包进来。对于多选的文件，可以用删除按钮去掉。另外，还可以选择“复制到文件夹”按钮或复制到 CD（前提是要具备可刻录的光盘驱动器和驱动器中有空白的 CD 光盘，这样才能自动打包刻录为自动运行的光盘）进行打包操作。如果还没有准备好刻录的设备，那么就选择前者，PowerPoint 会弹出选择路径和演示文稿打包完成后的存放文件夹名称，根据需要进行存放路径选择或者保存到默认位置。

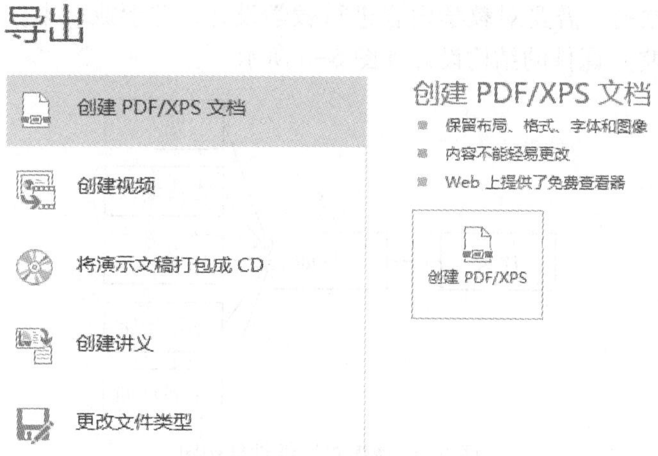

图 6-2　导出菜单

单击“确定”按钮就开始打包，PowerPoint 具有自动开始打包并复制到文件夹的功能，当打包完成后就会自动打开对应的文件夹。这时，可以在该文件中看到整个打包文件中的文件和相应的文件夹，其中必然会有一个 AUTORUN.INF 自动运行文件，我们把这个文件夹的内容直接刻录到光盘，就生成可自动播放的课件了。可以看到，PowerPoint 自动将幻灯片课件与相关的视频与声音、动画等多媒体素材和其他课件必需的支撑文件一并打包了，本案例经打包完成后的文件夹内容如图 6-4 所示。

图 6-3　打包对话框

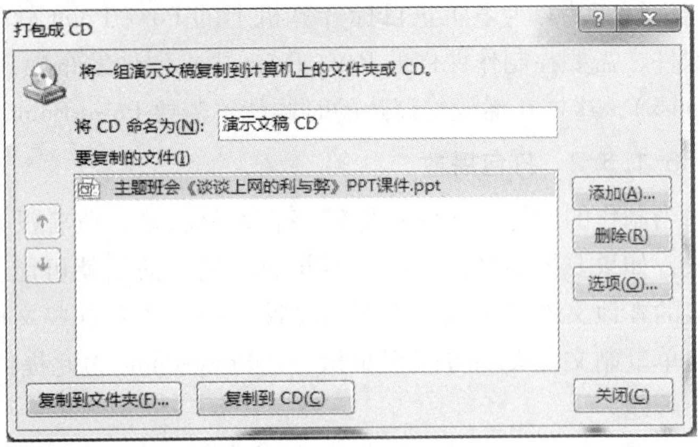

图 6-4　打包后自动生成的文件夹

把通过这种方式形成的打包文件夹复制到目标计算机，就一定能够正常播放，减少了对环境的依赖性。

6.2　使用 Animate 动画软件制作课件资源案例

对教学资源进行系统集成时，我们经常会用 Animate 动画软件来制作。对于 Animate 动画软件，第 4 章已经介绍了它的基本操作，这里就不再赘述。下面，我们用 Animate 动画软件来制作一个综合实例——古诗《春晓》课件。

在制作课件之前，需要对教学内容进行教学设计，并形成稿本，由此得出课件的结构。古诗《春晓》课件的结构设计如图 6-5 所示。

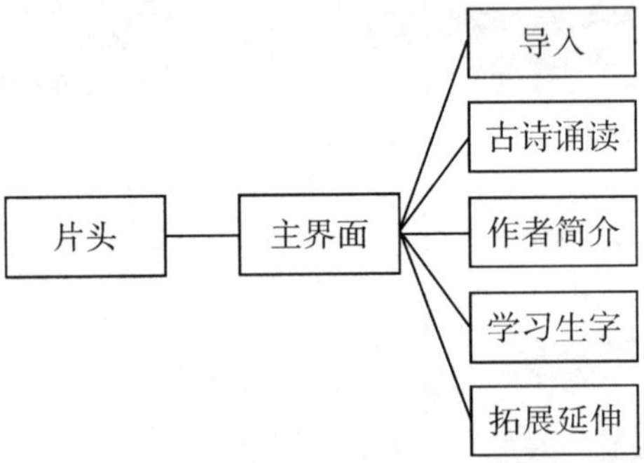

图 6-5　《春晓》课件结构图

有了课件结构，还需对具体版面进行规划。本例规划如下：

片头：以春天图片为背景，显示标题《春晓》，加上背景音乐。

主界面：需要五个按钮，并且每个按钮可以链接到相关板块，每个具体板块需用“返回”按钮返回主界面。

导入：用文字提问“同学们，你们觉得春天是什么样的呢?”播放春天美丽景色的动画。

古诗朗读：制作与古诗《春晓》内容相关的动画，要有诵读声音。

作者简介：对作者进行文字介绍，做成图片展示。

学习生字：制作交互式动画，可单击播放生字的读音、笔画等。

拓展延伸：课后作业做成图片展示。

具体版面规划好了，就可以开始制作课件了。本案例制作步骤如下：

（1）准备素材：几张春天美丽景色的图片，使用 Audition 录制生字“古、声、多、处”的读音（每个生字分别保存为一个文件），片头背景音乐。

（2）打开 Animate 2020，新建一个文档。

（3）打开“属性”面板，在属性面板中将“文档设置”的宽修改为 1024，高修改为 768，舞台颜色修改为“白色”，帧频修改为 24。

（4）依次单击“文件”→“导入”→“导入到库”选项，将各种图片、声音全导入库。单击主界面右上角“”图标，打开“库”面板，会发现里面的文件多且杂，为了管理方便，可以在“库”面板中新建文件夹，单击“库”面板右下角“新建文件夹”按钮，即可新建一个文件夹，双击文件夹，修改其名称为“图片”，将所有图片拖到文件夹上，即移动到文件夹里。用相同方法将所有声音文件移动到“声音”文件夹里。如图 6-6 所示。

（5）利用场景制作课件框架结构。选择“窗口”→“场景”选项，打开场景面板，单击面板左下角“添加场景”按钮，即可添加一个场景，单击七次，共添加七个场景，双击场景名称，分别修改其名称为：“片头”“主界面”“导入”“古诗诵读”“作者简介”“生字学习”“拓展延伸”。如图 6-7 所示。

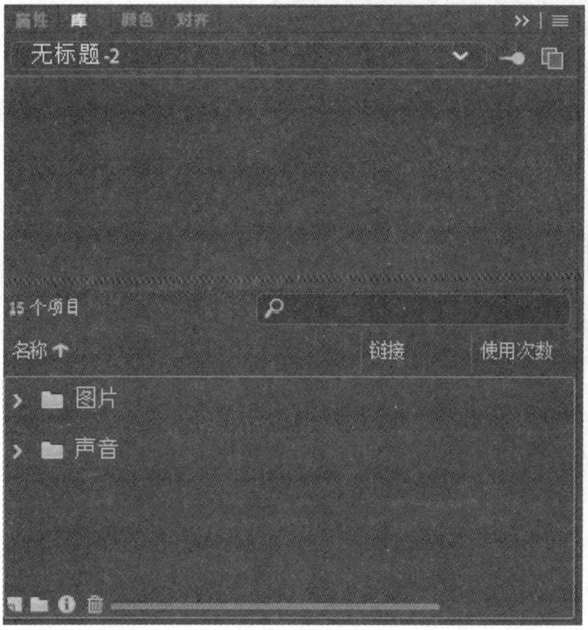

图 6-6　库面板

图 6-7　场景面板

（6）制作片头。单击场景面板中的“片头”，切换到片头场景。选中图层 1 的第 1 帧，打开“库”→“图片”对话框，选择一张背景图片，将其拖到工作舞台上。可根据情况选择“任意变形工具”，将其缩放到文件大小。选中第 35 帧，单击右键，在弹出的快捷菜单中选择“插入帧”。这样，就从第 1 帧到第 35 帧都有了背景图片。

（7）新建图层 2，选中图层 2 的第 10 帧，单击右键，在弹出的快捷菜单中选择“插入空白关键帧”，并选择“文本工具”，设置文本工具的字体为“幼圆”，大小为“80”，填充颜色为“黑色”，输入文字“《春晓》”。选中图层 2，在第 35 帧处插入关键帧，并创建传统补间。这时，文字“《春晓》”会自动转换为图形元件。再次选中图层 2 的第 10 帧，打开“属性”面板，选择“色彩效果”→“Alpha”选项，修改“Alpha”值为 0%。这样，文字就有了淡入的效果。

（8）新建图层 3，选中第 1 帧，并从“库”中拖动“背景音乐”到工作舞台上。

（9）新建图层 4，选中第 35 帧，插入关键帧。选择“矩形工具”，打开“属性”面板，修改“填充颜色”为“白色”，“笔触颜色”为“黑色”，修改“矩形选项”/“矩形边角半径”为“15”。如图 6-8 所示。修改好后，在界面右下方拖动画一个长方形。选择“文字工具”，调整“属性”面板，颜色改为“黑色”，大小为“35”，在长方形上输入文字“进入”。这样，简单的“进入”按钮就做好了。如图 6-9 所示。

（10）单击图层 4 的第 35 帧，选中刚做的按钮，鼠标移到按钮上单击右键，在弹出的快捷菜单中选择“转换为元件”，并定义元件的名称为“进入”，类型选择为“按钮”，单击“确定”按钮。选择“进入”按钮，打开“属性”面板，输入实例名称为“jinru”。

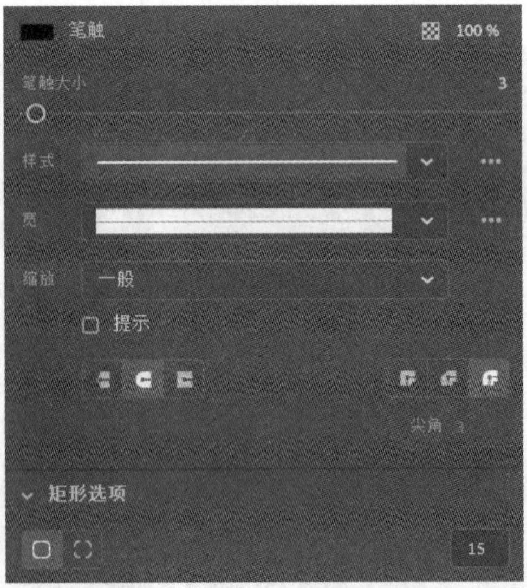

图 6-8 “矩形工具”属性面板

图 6-9 “片头”场景中的“进入”按钮

（11）选中图层 4 的第 35 帧，单击右键，打开“动作”→“代码片断”对话框，打开“时间轴导航”文件夹，双击“在此帧处停止”，让界面停留在第 35 帧。单击“进入”按钮，双击“单击以转到场景并播放”。如图 6-10 所示。

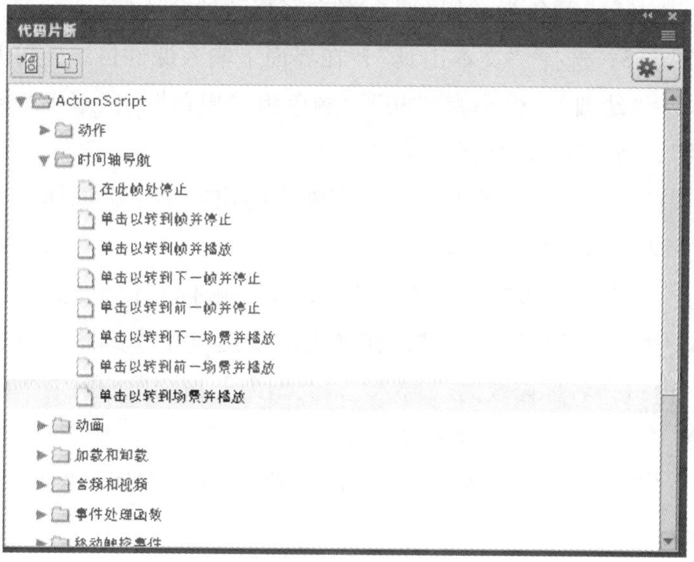

图 6-10 第 35 帧代码片断

在“动作”面板中修改场景名称，如图 6-11 所示。这样，单击“进入”按钮，就可跳转到主界面。

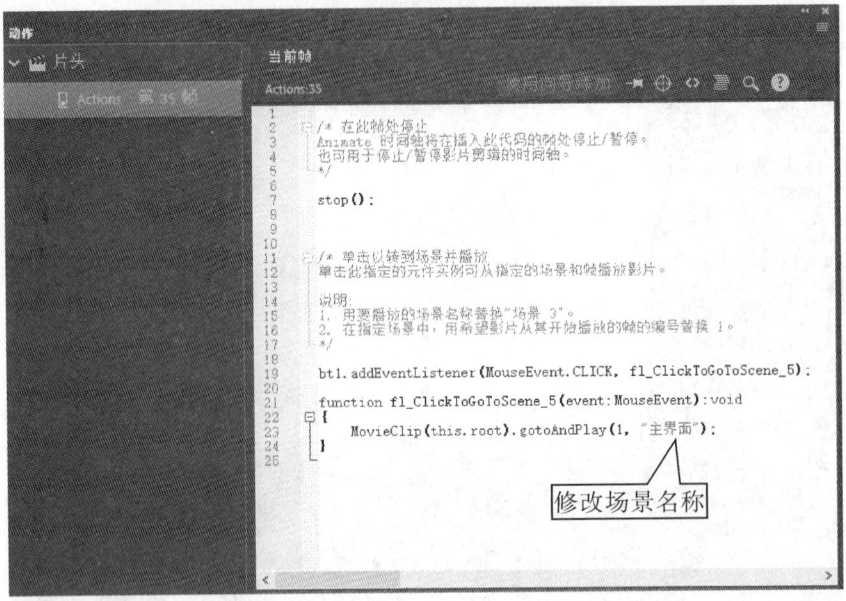

图 6-11　第 35 帧“动作”面板

（12）制作主界面。单击场景面板中的“主界面”按钮，切换到主界面场景。定位到图层 1 的第 1 帧处，打开“库”→“图片”，选择一张背景图片，将其拖动到工作舞台上。可根据情况选择“任意变形工具”，将其缩放到文件大小。

（13）新建图层 2，选择“文本工具”，在界面上方输入“《春晓》”，设置字体为“幼圆”，大小为“45”，颜色为“黑色”，将文字移动到合适位置。

（14）新建图层 3，选择“文本工具”，在界面上输入课件目录，打开文字“属性”面板，设置字体为“幼圆”，大小为“30”，颜色为“黑色”，段落中行距为“20”，并利用“选择工具”，将文字移动到合适位置。

（15）选中课件目录文字，单击右键，在弹出的快捷菜单中选择“分离”，将文字全分开，如图 6-12 所示。

（16）将图层 1 锁定，选择“选择工具”，按住鼠标左键框选第一行文字，如图 6-13 所示。在选中的文字上单击右键，在弹出的快捷菜单中选择“转换为元件”，打开“新建元件”窗口，名称修改为“导入”，类型为“按钮”，单击“确定”按钮。打开“属性”面板，将导入按钮实例名称修改为“daoru”。

（17）其他行文字操作同步骤（15），依次命名为“古诗”“作者”“生字”“拓展”，并依次修改其实例名称。

（18）选中图层 3 的第 1 帧，单击右键，打开“动作”→“代码片断”对话框，打开“时间轴导航”文件夹，双击“在此帧处停止”，让界面停留在第 1 帧。单击选中界面上的“导入”按钮，双击“单击以转到场景并播放”，修改场景名称为“导入”。依次选中界面上的其他按钮，同样各自双击“单击以转到场景并播放”，并修改场景名称。如图 6-14 所示。

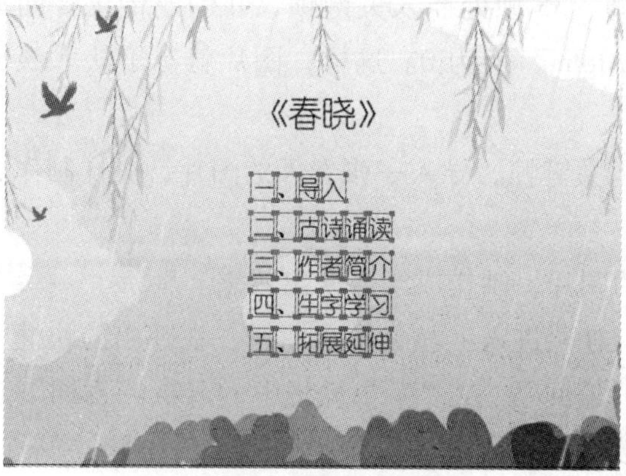

图 6-12　文字的分离

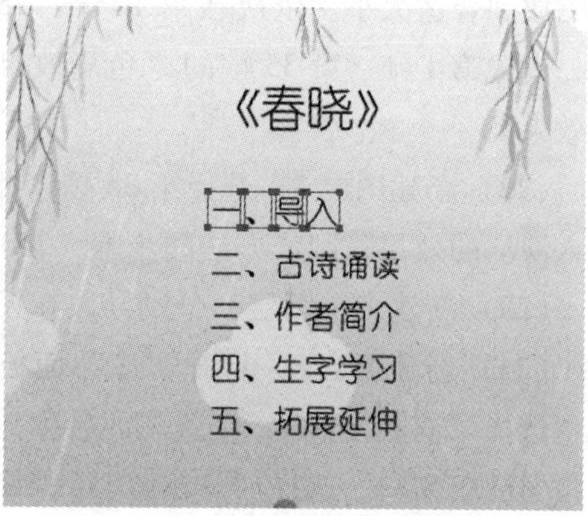

图 6-13　框选第一行文字

图 6-14　主界面“动作”面板代码

（19）制作导入界面。单击场景面板中的“导入”按钮，切换到导入场景。

（20）选中图层 1 的第 1 帧，选择“文本工具”，在工作舞台上输入“同学们，你们觉得春天是什么样的呢?”将其字体设置为“幼圆”，大小为“24”，颜色为“黑色”，并将其移到画面左上角。选择第 210 帧，单击右键，在弹出的快捷菜单中选择“插入帧”。

（21）新建图层 2，选中图层 2 的第 1 帧，打开“库”→“图片”对话框，选择一张关于春天的图片，将其拖动到工作舞台上。可根据情况选择“任意变形工具”将图片缩放到合适大小。依次在第 10 帧、25 帧、35 帧处插入关键帧，并创建传统补间动画，设置第 1 帧、第 35 帧的“色彩效果/Alpha”值为 0。这样，图片就有了淡入淡出的效果。

（22）新建图层 3，选择第 35 帧，插入关键帧，导入一张春天的图片，同样制作成淡入淡出的效果，制作方法同步骤（21）。

（23）新建多个图层，分别导入春天的图片，制作成淡入淡出效果。

（24）新建图层 8，打开“库”面板，对“进入”按钮单击右键，在弹出的快捷菜单中选择“直接复制”，设置新的名称为“返回”。在“库”面板中，双击“返回”进入按钮编辑窗口，选择“文本工具”，修改其中的“进入”为“返回”。打开“属性”面板，修改“返回”按钮的实例名称为“fanhui”。

（25）回到“导入”场景，选中图层 8 的第 1 帧，从“库”中将“返回”按钮拖到界面右下角。选择第 210 帧关键帧，打开“动作/代码片断”对话框，打开“时间轴导航”文件夹，双击“在此帧处停止”，让界面停留在第 210 帧。单击选中界面上的“返回”按钮，双击“单击以转到场景并播放”，修改场景名称为“主界面”。这样，“返回”按钮就制作完成了。“导入”场景效果如图 6-15 所示，“导入”场景时间轴如图 6-16 所示。

图 6-15 “导入”场景效果图

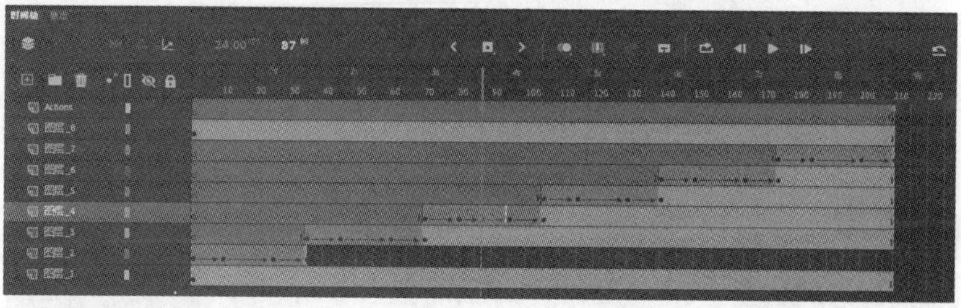

图 6-16 “导入”场景时间轴

（26）制作古诗诵读。单击场景面板中的“古诗诵读”，切换到古诗诵读场景。这个场景的制作前面已讲解，这里不再赘述。新建图层，插入一个“返回”按钮，具体操作步骤同（24）。

（27）制作作者简介。单击场景面板中的“作者简介”，切换到作者简介场景。选中图层 1 的第 1 帧，打开“库”→“图片”对话框，选择一张背景图片，将其拖动到工作舞台上。可根据情况选择“任意变形工具”，将其缩放到文件大小。

（28）新建图层 2，选择“矩形工具”，设置笔触的颜色为“黑色”，大小为“2”，矩形边角半径修改为“15”，填充颜色为“白色”，填充 Alpha 为“50%”，这样，可将矩形画为半透明效果。“属性”面板如图 6-17 所示。在工作舞台上，绘制一个半透明的矩形框，如图 6-18 所示。

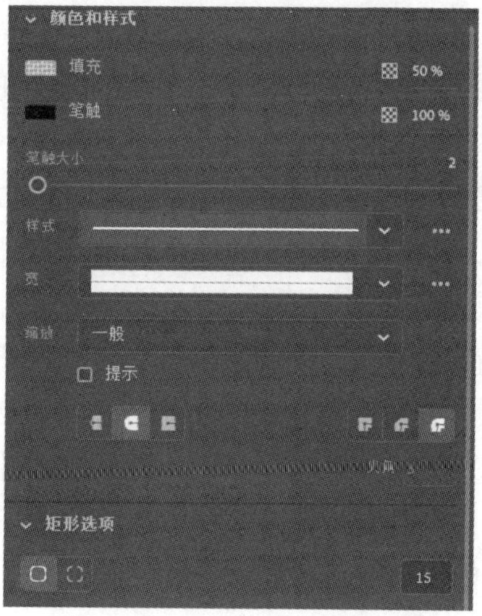

图 6-17 “矩形工具”属性面板

图 6-18 绘制的半透明矩形框

（29）新建图层 3，选择“文本工具”，在工作舞台上输入“白居易”，并调整其大小为“30”，颜色为“白色”，字体为“幼圆”。

（30）新建图层 4，选择“文本工具”，在工作舞台上输入白居易的简介，并调整其大小为“24”，颜色为“白色”，字体为“幼圆”。最终效果如图 6-19 所示。

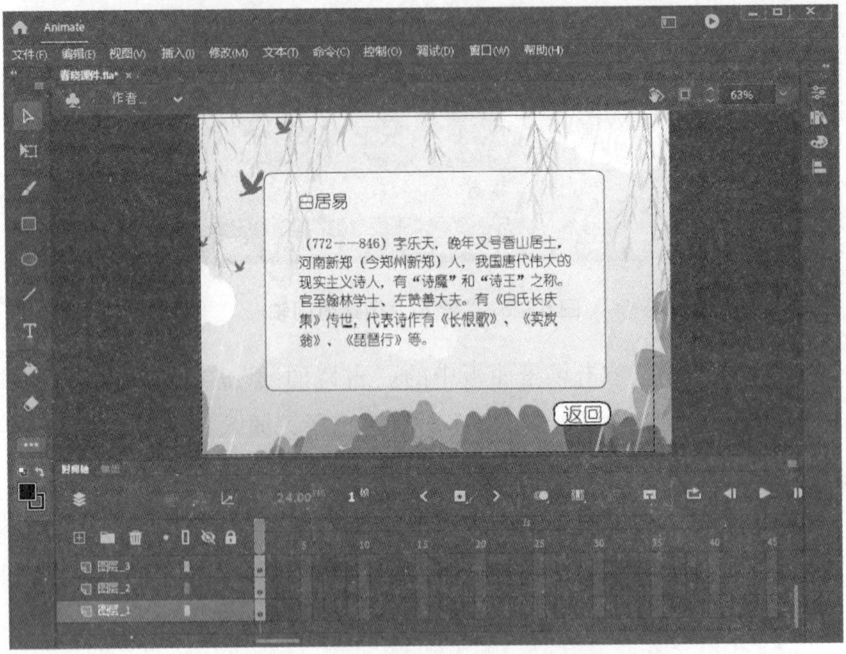

图 6-19 “作者简介”场景最终效果图

（31）新建图层，插入一个“返回”按钮，具体操作步骤同（24）。

（32）制作生字学习。打开“生字学习”场景，选择“插入”→“新建元件”命令，设置元件名称为“古”，类型为“影片剪辑”，打开“古”的影片剪辑编辑窗口。

（33）制作“古”字的逐帧动画。选中图层 1 的第 1 帧，选择“矩形工具”，调整好参数，在界面上绘制一个正方形。选择“线条工具”，调整样式为“虚线”，在正方形内绘制一个米字型。选择第 30 帧，插入关键帧。

（34）新建图层 2，选择“文本工具”，在图层 2 的第 1 帧处输入黑色文字“古”，选中文字，单击右键，在弹出的快捷菜单中选择“转换为元件”，将其转换为按钮元件。打开“属性”面板，将按钮元件实例名称修改为“gu”。

（35）新建图层 3，选中图层 3 的第 1 帧，输入红色文字“古”，将其拖动并重合到黑色文字上。在文字上单击右键，将其“分离”。选中图层 3 的第 2 帧，单击鼠标右键，在弹出的快捷菜单中选择“插入关键帧”，选择“橡皮擦工具”，在工作舞台上将“古”字擦除一角。

（36）依次选中图层 3 的第 3 帧到第 30 帧，依次插入关键帧，依次擦除一部分文字，直至将文字全部擦除。选中图层 3 的所有帧，单击右键，在弹出的快捷菜单中选择“翻转帧”。这样，“古”的逐帧动画就做好了。第 17 帧效果如图 6-20 所示。

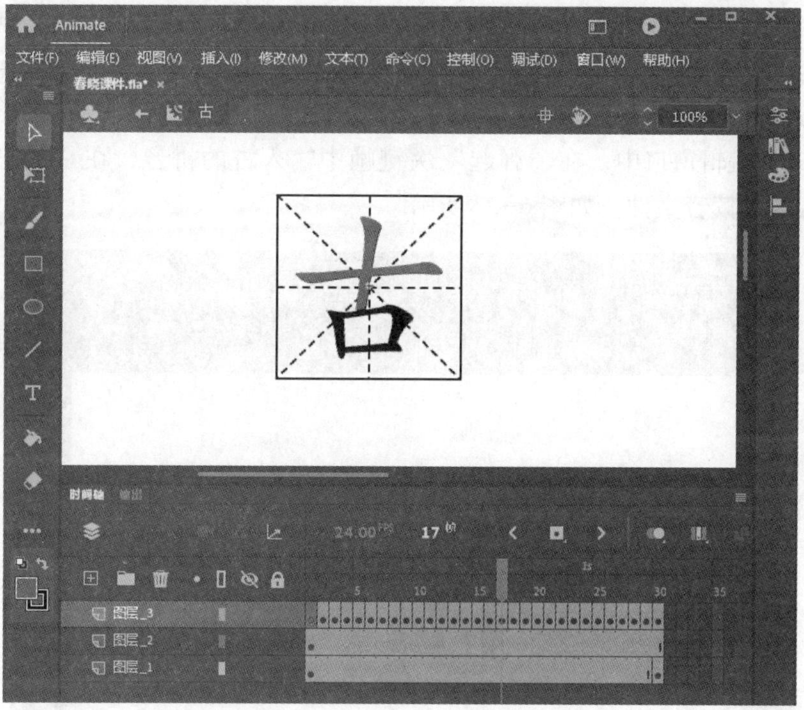

图 6-20 “古”逐帧动画第 17 帧效果

（37）选择图层 2 的第 1 帧，单击右键，打开“动作”→“代码片断”对话框，打开“时间轴导航”文件夹，双击“在此帧处停止”，让界面停留在第 1 帧。单击选中界面上的“古”按钮，双击“单击以转到帧并播放”，修改帧数字为“2”。如图 6-21 所示。选择图层 3 的第 30 帧关键帧，打开“动作”→“代码片断”，打开“时间轴导航”文件夹，双击“在此帧处停止”，让界面停留在第 30 帧。这样，“古”的影片剪辑就做好了。

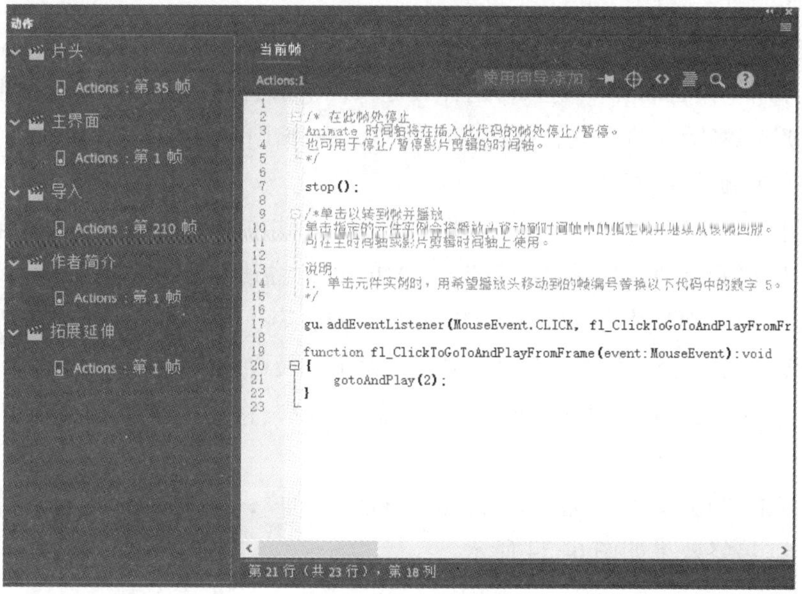

图 6-21 图层 2 的第 1 帧“动作”代码

（38）生字“声、多、处”影片剪辑制作方法与“古”字制作方法相同，参照步骤（32）至（36）。

（39）选择“插入”→“新建元件”选项，修改名称为“古读音”，类型为“按钮”。在打开的编辑窗口中，在“弹起”关键帧中输入古的拼音，在“按下”关键帧中拖入“古”的读音文件。如图 6-22 所示。

图 6-22 “古读音”按钮元件

（40）生字“声、多、处”读音按钮制作同“古”字，参照步骤（39）。

（41）打开“作者简介”场景，选择关键帧，单击右键，在弹出的快捷菜单中选择“选择所有帧”，将所有帧全选，再次单击右键，在弹出的快捷菜单中选择“复制帧”。这样，就将所有帧全部复制。

（42）打开“生字学习”场景，选择第 1 帧，单击右键，在弹出的快捷菜单中选择“粘贴帧”，即将所有帧全部粘贴。双击“白居易”，将其修改为“生字学习”，删除简介文字，从“库”面板中拖动影片剪辑元件“古、声、多、处”，拖动按钮元件“古读音、声读音、多读音、处读音”，并调整其大小。最终效果显示如图 6-23 所示。

（43）制作拓展延伸。重复步骤（40）至（41），将相关关键帧复制到“拓展延伸”场景中。

（44）双击“白居易”，将其修改为“拓展延伸”，双击简介文字，将其修改为“课后作业”。最终效果如图 6-24 所示。

图 6-23 “生字学习”场景最终效果图

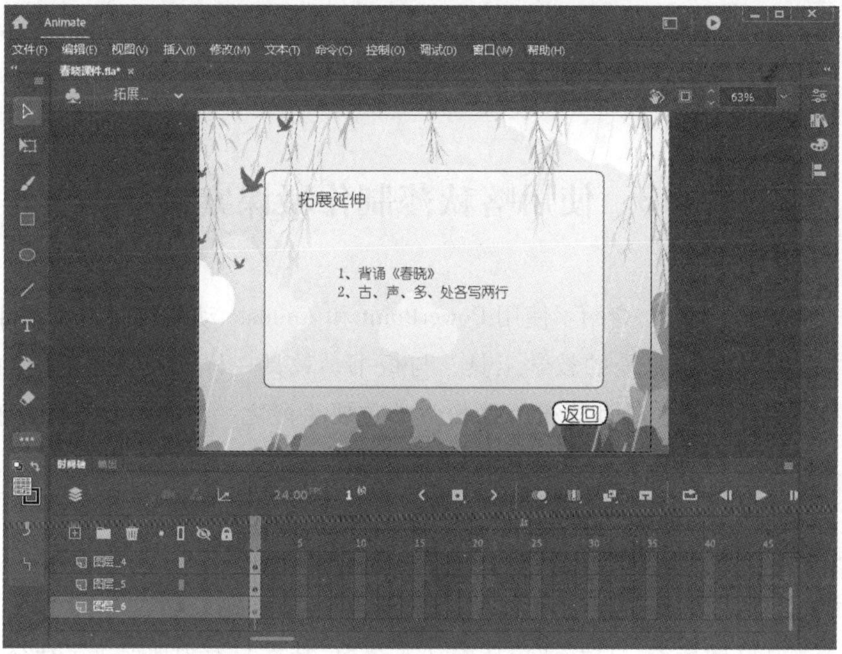

图 6-24 “拓展延伸”场景最终效果

（45）《春晓》课件制作完成，进行保存和发布。效果如图 6-25 所示。

图 6-25　课件最终生成效果

利用 Animate 制作的课件，数据量小，适合网络传输，交互性强，可激发学生的学习兴趣，提升与优化教学效果。

6.3　使用喀秋莎制作微课案例

在本章 6.1、6.2 中，介绍了使用 PowerPoint 和 Animate 动画软件制作课件的案例，它们都是深受广大教师喜爱的教学工具，与板书、教具一样，是教学手段的具体化，不能单独构成教学场景，是计算机辅助教学的重要手段之一。本节将介绍一种新的以视频为主要载体的信息化教学资源形式——微课，它是一个完整的教学单元，是一个相对独立、完整地运用了多种手段的综合性立体教学片段。

6.3.1　微课的基础知识

近年来，互联网技术、移动通信技术（尤其 5G 技术）有力地促进了社交媒体的蓬勃发展，社会节奏跨越式提升，个性化学习需求激增，各类教育教学资源也相继开放、共享和多元化。受快节奏生活与学习的限制，人们对学习资源的要求也开始向碎片化、微型化、主题化发展。应运而生的各类微课程教学资源恰好满足了社会需求。在国内，微课是微课程的简称，是一个继博客、微博、微信等社交软件之后风靡教育领域的新生事物。

6.3.1.1 微课的概念与特点

究竟什么是微课？从字面上我们可以理解为微小或微型的授课模式，这种授课模式的话题相对单一，授课内容明确，需解决问题清晰。它可以支持移动App、微信小程序等学习方式，也可以通过电脑来完成学习。它对移动设备的支持突破了时间和场景的限制。

在国外，微课于2008年由戴维·彭罗斯率先提出，为此他获得了“一分钟教授”的戏称。在国内，胡铁生老师率先使用“微课”概念并用于实践。他认为，微课是根据新课程标准及教学实践要求，通过教学视频的形式，反映教师在针对某个具体的知识点或某个教学环节而开展的教学活动，包括相关教学资源。

微课的核心是教学视频的精彩片段，但同时还包含了与教学主题密切相关的教学设计、教学课件、教学过程反思、测试评价及学生反馈等教学支持资源。微课是以一定的结构关系与呈现方式共同营造的一个半结构化、主题明确的教学资源应用“生态环境”。可以看出，微课集成和发展了传统的教学课例、教学课件、教学设计、教学测评与反思等资源类型。

微课突破了传统单一资源的局限性，是一种新型的教学资源建设和应用模式。微课具备如下主要特征：

（1）主题突出，指向明确。相比而言，传统的教学课堂一般以40~50分钟为单位，所以规划的教学内容较多，需要达成的教学目标也可能是多个。而微课的教学时间短，教学内容少但必须精简，需要达成的教学目标单一，教学主题更加突出，指向明确，整个微课的设计与制作过程都是围绕解决某个主题的教学而开展的。

（2）资源多样，情境真实。微课的核心是课堂教学视频，它整合了课堂教学必需的教学设计、资源、教学测评等教学过程，形成了一个具备主题鲜明、结构紧凑的多种类型的“主题单元资源包”，微课营造的“微教学资源环境”与具体教学活动紧密结合、情境真实。

（3）短小精悍，使用方便。这个特点非常直观，微课持续的时间都很短，一般为5~8分钟（最长不宜超过10分钟），这遵循了视觉驻留的规律，与人们的认知特点相适应。微课的资源容量很小，使用的视频格式一般为rm、wmv、flv等格式，因为这些格式的视频能够支持网络在线播放。整个微课加上配套的教学设计、教学课件、教学反思与点评等资源往往只有几十兆，这样的体量非常适合在线观看。

（4）半结构化，易于扩充。由于微课具有半结构化的特点，开放性的框架支持二次开发，这种结构使得微课具有很强的动态再生性。其中，教学资源（包括微课视频、教学设计、素材课件、教学反思、教师点评等）支持随时修改、扩充完善和生成，并能够随着教学需求的变化和资源应用环境的改进而不断地完善与充实。

6.3.1.2 国内微课的产生与发展

电化教育为新中国的教育改革与发展做出了不可磨灭的贡献，我国教育系统在最近几十年录制了大批教学电视节目，其中有很多优秀的视频教材通过教育电视台播出后获得了很大的成功。但更多的教学视频资源由于占用存储空间庞大，无法进入课堂发挥应有的作用。在20世纪80年代初，就有电化教育工作者提出学校课堂教学应重点建设内容集中单一、时间短，能够被教师随堂运用的“插片”。这就是微课的原型。20世纪90年代后，电化教育界就已经明确把“片断性内容”的视频教材作为电化教育教材的一种类型。由此可见，国内很早就将“微视频”作为教师教学资源了，只是没有明确“微课”的这个概念而已。

可汗学院（Khan Academy）和“翻转课堂”是近年来教育界的网红新生物，而微课则是应运而生的热点话题。随着信息技术的普及，人们的信息素养逐步提高，尤其是移动通信设备的普及和5G时代的到来，让每一个学习者自带信息设备上课已经成为现实，可以不再局限于传统教学设备和教学环境。教师自然也应当顺应潮流，根据需要调整、改变、升级自己的教学方式，掌握必备的信息技术手段，把需要重点讲授的关键内容（教材的重难点和易错点）提炼制作成“微视频”，通过网络让学习者自主进行学习，课堂时间则可以帮助学生解决一些难以理解的问题，真正开展师生互动讨论甚至还可以开展个性化辅导教育。微课在教学过程中的应用，也有力地支持了“翻转课堂”的教学模式，因为学习者提前从微课视频中对即将开展的课堂教学知识点熟悉，在课堂上就能改变被动接受的局面，教师的任务也开始转变，讲授法和协作法被采用以满足学习者的需要，进而促进其个性化学习。

6.3.1.3 微课的制作流程

对微课的制作过程，每个人都有自己的见解和方法。在这里，我们把微课制作过程按照常规流程分为如下六个基本步骤。

第一步，确定选题。选题是制作微课的起点，也是第一个环节。科学的选题不仅是影响微课质量的重要因素，更是决定微课成败的前提和基础。一般来说，微课仅选择一节课的重点或难点作为讲授的知识点，所选择的知识点要足够明确，适合多媒体表达方式，选题最好能够适合加入图片、动画、声音的教学资源，做到有声有色。

第二步，撰写教案。微课虽小，但也不能马虎，也应当进行教学设计，因为教学设计是微课的剧本。这个过程需要明确教学任务、对象与目标，还要制定合适的教学策略与教学过程，同时也需要考虑微课需要达到的教学目标等内容。

第三步，制作课件。微课是展示教学过程，因此应当根据教学设计制作多媒体课件，多媒体课件融合的文字、声音、动画与视频等多媒体元素可以辅助教师传达一些不易讲述和理解的知识点，所以制作课件这个过程是必不可少的环节。当然，制作多媒体教学课件的技术手段有很多，这里不再累述。其中 PowerPoint 是最受欢迎的工具，不过需要注意，幻灯片上应只放最核心的内容，做到动静结合、图文并茂。

第四步，视频录制。这一环节是微课制作的核心内容，通常可以通过视频工具如手机、数码相机、DV 摄像机等各种录制设备拍摄，录制场地可以灵活掌握，有条件的可以选择教室、录播室等，也可以选择办公室、家庭书房等，一定要保证光线充足、环境安静、背景简洁。如果在录制过程难以完全避免一些干扰画面或声音的影响，需要对这部分重新录制，以便于后期处理。教师出镜也需要注意形象，必要时可适当化妆。教师需要注意摄像头，保持眼神交流。为了方便后期声音和画面的处理，一般需要配备三脚架和收音话筒进行录制；也可采用录屏软件录制，如喀秋莎、Snagit、CyberLink YouCam 等，一般需要配备收音话筒、摄像头等工具。需要注意的是，教学过程中要保持讲述内容与课件进度一致，必要时可以安排旁人辅助控制动画进度。

第五步，后期制作。视频录制完成后往往需要后期处理，如剪切多余部分、配音、加入片头片尾、抠图与调色等。视频后期加工软件有很多，喀秋莎是一款集录制、后期加工和美化于一体的优秀微课制作软件。制作微课时，可添加适当的音乐、字幕以及转场等，要注意最后导出的格式应设置成 mp4 或 flv，以保证画面的清晰度。

第六步，教学反思。好的微课需要不断地修改和打磨，及时听取学生的观后感以及一些专家的意见，参考好的微课作品，对微课进行修改完善。

6.3.2 喀秋莎制作的综合案例

在前面的章节中，我们已经介绍了喀秋莎的下载与安装以及基本操作步骤。在本小节中，将以人教版初中数学七年级（下册）第五章的《垂线——图形与变换》为例，介绍如何利用喀秋莎制作微课。本案例主要是讲解录屏型微课的制作流程，重点介绍在喀秋莎中录屏以及视频的后期处理。

6.3.2.1 前期的准备工作

微课制作的第一步是要确定选题，本案例的题目为《垂线——图形与变换》。根据教学大纲和教材撰写教学设计，教学设计要包括教学目标、教学重难点、教学策略和教学活动等，教学设计不仅有利于课件的制作，还能帮助教师设计出重点突出、简洁精悍的微课。本案例的教学设计如表 6-1 所示。

表 6-1 《垂线——图形与变换》教学设计

<table>
<tr><td colspan="3">垂线——图形与变换</td></tr>
<tr><td rowspan="3">教学目标</td><td colspan="2">1. 知识与技能目标
（1）掌握垂直的定义
（2）阐述过一点画已知直线的垂线的性质
（3）学会垂直的画法</td></tr>
<tr><td colspan="2">2. 过程与方法
（1）经历观察、操作、想象、归纳概括，从而发展空间观念，培养几何语言的表达能力
（2）对不同题设分析，让学生体验变换思维，具备符号感，从而达到培养其归纳与理解能力的目的</td></tr>
<tr><td colspan="2">3. 情感态度与价值观
让学生在经历观察、操作、推理、验证、交流系列活动后，能够获得成功的体验，从而调动学习积极性，让他们感受数学的奥妙与学习的乐趣</td></tr>
<tr><td>重难点分析</td><td colspan="2">重点：两条直线相互垂直的概念，两条直线垂直的性质
难点：垂线性质的探究过程</td></tr>
<tr><td rowspan="12">教学过程</td><td>教学步骤</td><td>教学内容</td></tr>
<tr><td>1. 引入</td><td>用生活中的垂直，如十字架、窗户和医院标志来引入垂直的教学</td></tr>
<tr><td>2. 认识垂直</td><td>用两条相交的可以转动的木条引入垂直，垂直是相交的一种特殊形式</td></tr>
<tr><td>3. 垂直的定义</td><td>如果两条直线相交所成的四个角中的任意一个角为 90°，那么这两条直线垂直</td></tr>
<tr><td>4. 垂直的符号语言</td><td>$\because \angle BOC=90^\circ \quad \therefore AB\perp CD$</td></tr>
<tr><td>5. 垂线、垂足的定义</td><td>垂线：当两条直线相互垂直时，其中一条直线叫作另一条直线的垂线
垂足：两条互相垂直的直线的公共交点叫作垂足</td></tr>
<tr><td>6. 垂线的性质 1 引入</td><td>在同一平面上，过已知直线 AB 可以画出无数条直线 AB 的垂线</td></tr>
<tr><td>7. 垂线的性质 1</td><td>在同一平面内，过一点有且只有一条直线与已知直线垂直</td></tr>
<tr><td>8. 垂线的画法</td><td>不论点是在直线上还是在直线外，垂线的画法都可以归纳为贴、对、画</td></tr>
<tr><td>9. 垂线的画法引申</td><td>当所给直线不够长时，可以延长所给直线来画过已知点的垂线</td></tr>
<tr><td>10. 练习题</td><td>知识点：对顶角相等、垂直的定义、邻补角互补</td></tr>
<tr><td>11. 课程小结</td><td>垂直的定义、垂线的性质 1</td></tr>
</table>

根据撰写的教学设计制作 PowerPoint 课件，由于本章第一节详细阐述了 PowerPoint 制作课件的步骤和案例，本小节不再赘述。需要注意的是，PowerPoint 课件中需要展示出微课的名称、目录等信息，如图 6-24、图 6-25 所示。

图 6-24 微课标题页

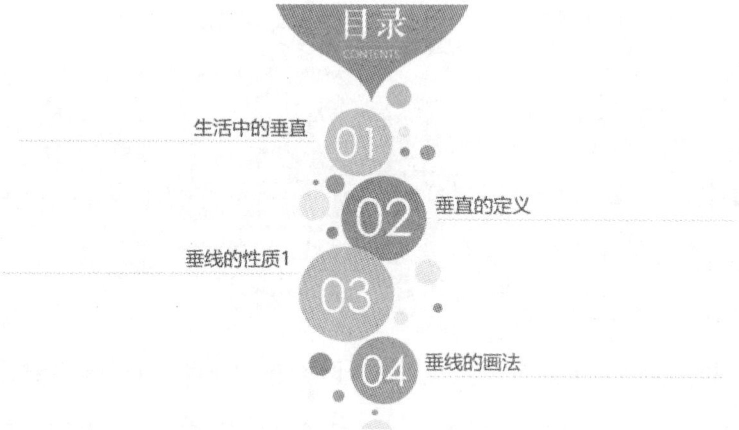

图 6-25 微课目录页

除了需要准备教学设计和课件外，还需要准备微课讲稿，避免在录制视频时出现忘词、卡顿的现象，增加后期剪辑的难度。另外，还需准备一间安静的教室、一个收音效果较好的麦克风、一只无声的鼠标，要清理电脑桌面，尽量呈现出干净简洁的画面。

6.3.2.2 录制视频

录制视频是喀秋莎的基本功能之一，主要用于录制屏幕以及讲解过程，既可以录制屏幕、声音，也可以打开摄像头录制讲课人。录制视频的操作步骤如下：

首先打开喀秋莎，单击左上角的“录制屏幕”按钮，如图 6-26 所示，可以选择是否记录声音或者画面，也可以自由选择区域。选择“全屏幕”“摄像头关”“音频开”，按下红色按钮“rec”，即可开始录制屏幕和解说，如图 6-27 所示，按 F10 可停止录制屏幕。如出现按下屏幕录制没有反应的情况，可右击桌面喀秋莎图标，单击“打开文件位置”，找到文件“CamRecorder.exe”，右击“属性”，找到“兼容性”，将“以管理员身份运行此程序”打钩即可，如图 6-28、图 6-29 所示。

图 6-26　录制屏幕

图 6-27　录制屏幕按钮

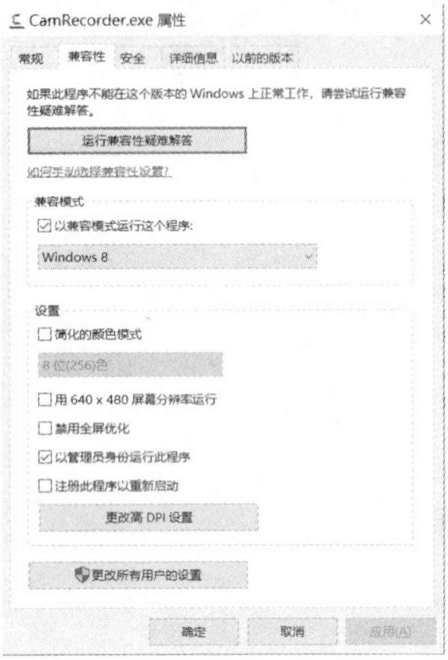

图 6-28　CamRecorder.exe 文件

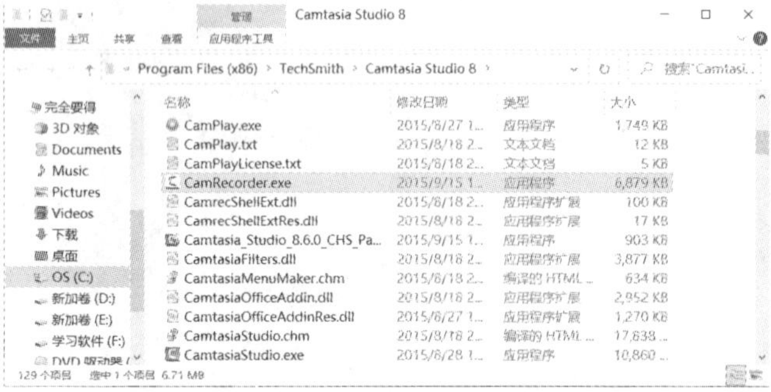

图 6-29　CamRecorder.exe 属性界面

录制好视频后，选择“保存并编辑”，将视频保存在某个盘下专门放置素材的文件中，如“D:\垂线——图形与变换\素材”。这时，喀秋莎会自动将刚才录好的视频导入剪辑箱，并将图像和声音都放置在“轨道 1”中。

6.3.2.3　后期处理

（1）导入素材

上述录制屏幕的视频素材远远不够制作微课，还需要将其他的图片、声音、动画和视频等素材导入剪辑箱。选择录制屏幕左上角的“导入媒体”按钮，找到素材所在位置进行导入。注意准备素材时尽量选用 mp3、mp4 等可以导入的媒体格式。导入后将素材从剪辑箱中拖拽到时间轴上就可以进行编辑了。

（2）裁剪

如果素材（视频、音频）的某一部分不想要，可以把光标定位到起始位置，单击轨道上方“切割”按钮，把素材从中间断开，鼠标单击选中不想要的部分，按键盘上的删除键即可删除。为了方便操作，最好将图像和声音进行分离，放置在两个轨道上，选中“轨道 1”上的视频，右击“独立视频和音频”，即可将图像放置于“轨道 1”，音频放置于“轨道 2”，如图 6-30 所示。

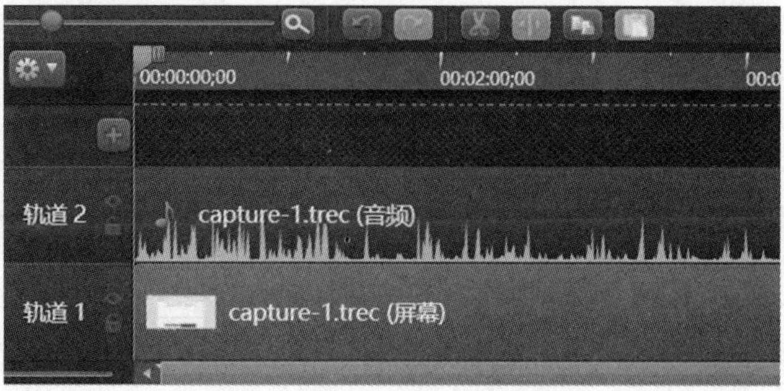

图 6-30　独立视频和音频

（3）声音处理

如果对“轨道 2”中的声音不满意，可以通过旁白录制声音后期加上去。单击“工具”→“语音旁白”按钮，进入语音录制，注意选择麦克风录制，录制好后保存在“素材”文件夹中。

如果发现音频中自己讲话太慢，可以右击“轨道 2”上的音频，选择“剪辑速度”改变播放速度来加快语速。如需 2 倍速，则调节“200%原始剪辑速度”；如需 0.5 倍速，则调节“50%原始剪辑速度”，如图 6-31 所示。

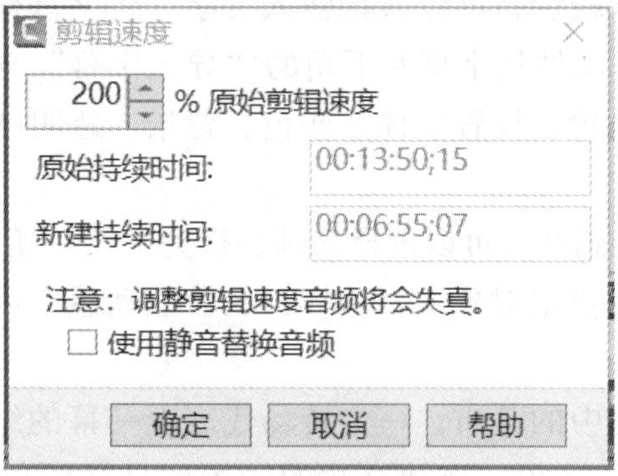

图 6-31　两倍速音频

声音过大或过小同样可以通过右击音频，选择“编辑音频”，上下拖动音频轨道上绿色的线调节，调节到合适为止，如图 6-32 所示。

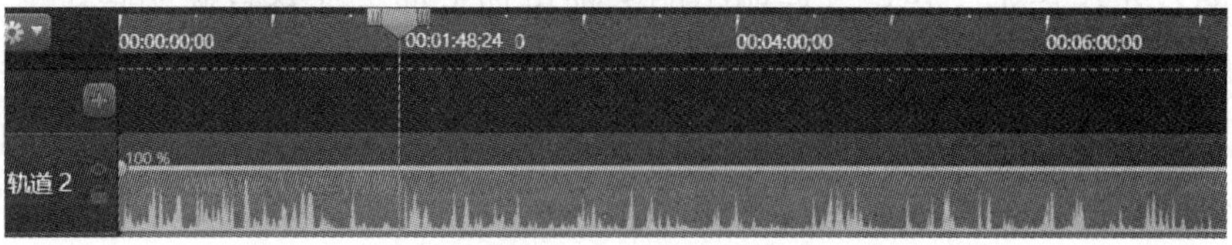

图 6-32　调节音频音量

受录音设备、录音环境等因素影响，录音时可能有杂音录入，出来的音效不好。这时可以通过音频降噪，提升音质，如图 6-33 所示。

6 数字化教学资源集成

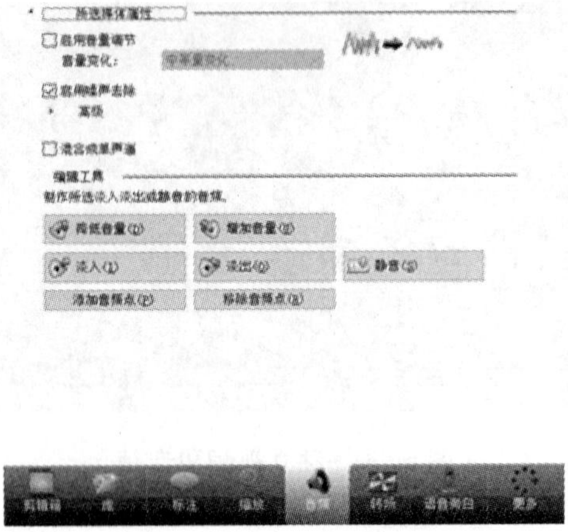

图 6-33　启用噪声去除

音频的渐变类似于画面的转场，不至于在播放音频时显得太突兀。可以将时间光标放置在需要渐入、渐出的节点上，选择“音频”中的“淡入”“淡出”等效果拖拽到轨道上的音频对象上，通过拖拉绿色圆点设置渐入渐出时间。

（4）画面处理

添加字幕可以让知识展现得更清楚。单击“菜单栏”→“更多”→“字幕”选项，添加字幕。如果字幕较少，可以直接输入文字，将字幕拖到轨道的合适位置；如果字幕较多，可以将字幕文件从字幕左下角的“导入字幕”导入。单击菜单栏中的单条字幕，可以打开字幕设置，设置字体、颜色、背景、透明度等。设置好以后，所有字幕都变成一样的格式。

如果想重点突出某一画面，可以选择动画、行为中某一模板如跳动、按比例放大、自定义等，拖到轨道上的指定对象上。这样，在营造动感、灵活的画面的同时，也可以突出强调重点。

画面转场相当于话剧中的幕布，一个转场代表上一幕的结束、下一幕的开始。单击“菜单栏”→“转场”选项，拖动喜欢的转场到目标对象上。实现画面的多样转换，可以让微课更加有趣生动。在本案例中，每一页 PowerPoint 的转场都在制作课件时完成了，所以可以不用单独在喀秋莎中设置。

完整的微课要有开头和结尾，就像电影中的片头和片尾一样，让整个作品结构更完整。库的存在让片头、片尾、标题等的添加更加方便。选择喜欢的片头、片尾、标题，拖拽到时间轴上，在预览区双击片头中的文字，可以实现文字的更改。通过文字属性的设置，可以改变文字的颜色、字体等。为了使片头、片尾更丰富，可以添加符合微课主题的音频使其更加完整。本案例中 PowerPoint 课件已经添加制作好片头和片尾了，此步骤跳过。

（5）导出成片及保存迁移项目

编辑好视频后，需要导出成片保存。喀秋莎支持导出视频、音频、GIF 动图等多种格式，一般微课导出为 mp4 格式。选择“生成和分享”→“MP4 only（up to 1080p）”命令，将项目名称改为“垂线——图形与变换”，保存位置为“D:\垂线——图形与变换\剪辑与成片”，即可在此文件夹中保存微课的 mp4 文件。

做完整个视频以后，单击“文件”→“保存项目”选项，就保存为 camproj 格式了，以便于后期继续编辑。如果想在另一台电脑继续编辑，就要导出工程文件，选择“文件”→“导出项目”选项，项目格式设置为 zip，该文件就变成一个包含所有素材的压缩包。

思考与练习

1. 举例说明哪些场景适合使用多媒体课件进行教学。
2. Animate 的特点是什么？对课件而言，如何才能发挥动画的优势？
3. 结合自己的专业特色，根据一个知识点，利用 PowerPoint 制作一个多媒体课件。
4. 结合自己的专业特色，根据一个知识点，利用 Animate 制作一个多媒体课件。
5. 什么是数字化教学资源？
6. 微课与多媒体课件的关联与差异是什么？
7. 结合自己的专业特点，选择一个知识点，利用喀秋莎制作一个微课。

参考文献

［1］张枝军．图形与图像处理技术［M］．北京：北京理工大学出版社，2018.

［2］李占波，李翠霞．计算机导论［M］．成都：电子科技大学出版社，2010.

［3］陈浩．设计色彩［M］．上海：上海交通大学出版社，2011.

［4］朱印宏．Photoshop 人像照片精修技法 2010（最新版）［M］．北京：北京希望电子出版社，2010.

［5］余江，谭飞．平面设计与印刷工艺［M］．成都：四川美术出版社，2009.

［6］秦蕾．浅析 Photoshop 的颜色模式与选择［J］．科技与生活，2011（7）：200.

［7］鄢涛，杜小丹，李倩，等．大学计算机基础实践教程［M］．3 版．北京：科学出版社，2017.

［8］黄洋．构成基础与应用［M］．沈阳：辽宁美术出版社，2016.

［9］邢亚辉，白洋．同类色类似色的理解与运用［J］．人像摄影，2011（6）：152-155.

［10］关金名，李林．信息技术基础教程（下）［M］．北京：北京理工大学出版社，2017.

［11］曲宏山，李松涛，郭小波．大学计算机基础［M］．北京：人民邮电出版社，2012.

［12］杨文军，董玉涛．Java 程序设计教程［M］．北京：清华大学出版社，2010.

［13］钟垂贵．虚拟场景设计制作［M］．南京：南京大学出版社，2019.

［14］陆川．Dreamweaver+Photoshop+Flash 三合一网页制作教程（CS3 版）［M］．北京：对外经济贸易大学出版社，2011.

［15］丁贵广，尹亚光．多媒体技术［M］．北京：机械工业出版社，2009.

［16］谢忠云．文本阅读兴趣在小学语文教学的激发策略［J］．中学生作文指导，2019（17）：222.

［17］梁新弘．服务营销［M］．北京：中国人民大学出版社，2014.

［18］马旭，尹晓燕．现代数码摄影［M］．长沙：湖南人民出版社，2008.

[19] 亿瑞设计. 画卷 CorelDRAW X5 从入门到精通 [M]. 北京：清华大学出版社，2013.

[20] 张晓景. Photoshop CS6 白金手册 [M]. 北京：清华大学出版社，2013.

[21] 李杰臣. Photoshop 核心技能：抠图、修图、调色、合成、特效 [M]. 北京：人民邮电出版社，2016.

[22] 黄露. 美术教育技术 [M]. 长沙：湖南美术出版社，2011.

[23] 俞轶平. Photoshop 抠图法之钢笔工具的使用 [J]. 科技资讯，2008（33）：195.

[24] 王新亭. 机动玩具设计 [M]. 北京：国防工业出版社，2012.

[25] 胡虚怀，李焕，陈专红. 多媒体技术应用 [M]. 北京：清华大学出版社，2011.

[26] 付蓉，张强刚，张波，等. 中小学教师教育技术能力实用教程 [M]. 武汉：武汉大学出版社，2015.

[27] 周立云，胡月芬. 歌舞厅音像及调音、调光技术 [M]. 北京：电子工业出版社，2012.

[28] 盖之华，董虎胜，沈坚. 多媒体系统中双滑杆音量控制技术 [J]. 电脑知识与技术，2010，6（10）：2460-2461.

[29] 田月从. 试论多媒体与新型教学模式的建构 [J]. 学周刊，2016（12）：216-217.

[30] 付蓉. 现代教育技术 [M]. 武汉：武汉大学出版社，2014.

[31] 张振花，田宏团，王西. 多媒体技术与应用 [M]. 北京：人民邮电出版社，2018.

[32] 吕燕茹. 矢量动画艺术创作与传播研究 [J]. 装饰，2007（4）：52-53.

[33] 邢小刚. 动画概论 [M]. 上海：上海文化出版社，2011.

[34] 范志忠，马华. 影视动画编剧学 [M]. 杭州：浙江大学出版社，2009.

[35] 张丹阳. Flash CS6 标准教程 [M]. 北京：人民邮电出版社，2020.

[36] 唐有明，吴东伟. FLASHCS3 中文版标准教程 [M]. 北京：清华大学出版社，2008.

[37] 姚奇富，陈伟. 网页制作 [M]. 2 版. 北京：高等教育出版社，2004.

[38] 王秀丽，颜德强. 网页设计与制作 [M]. 2 版. 北京：清华大学出版社，2012.

[39] 刘敬梅，陈利科，李树清，等. 幼儿教师课件制作 [M]. 长春：东北师范大学出版社，2014.

[40] 刘蒙蒙，徐文秀，李绍勇. Flash CC 中文版动画制作基础教程 [M]. 北京：清华大学出版社，2014.

[41] 刘小伟，吕静. iLike 就业 会声会影 X4 中文版多功能教材 [M]. 北京：电子工业出版社，2011.

[42] 王学屯. 家电维修技能边学边用 [M]. 北京：化学工业出版社，2015.

[43] 何为民. 城市河流防洪生态整治关键技术研究 [M]. 北京：中国水利水电出版社，2016.

[44] 付蓉，张强刚，张波，等. 中小学教师教育技术能力实用教程［M］. 武汉：武汉大学出版社，2015.

[45] 别祖杰. 多媒体技术应用［M］. 青岛：中国石油大学出版社，2015.

[46] 张文兰，刘瑞儒. 现代教育技术［M］. 西安：西北大学出版社，2015.

[47] 王春蓉. 浅谈社区教育资源的挖掘和整合［J］. 北方经贸，2011（5）：15-16.

[48] 胡银亨. 生物教育信息技术教程［M］. 成都：电子科技大学出版社，2004.

[49] 付蓉. 现代教育技术（文科）［M］. 武汉：武汉大学出版社，2014.

[50] 王斌. Flash 动画制作教程［M］. 2 版. 北京：北京交通大学出版社，清华大学出版社，2016.

[51] 许悦. 浅析微课与课件的关系［J］. 科技风，2020（13）：53.

[52] 窦艳霞. 高中信息技术微课程设计研究［D］. 兰州：西北师范大学，2014.

[53] 华责斌. 微课在高中信息技术课堂中的应用探索［J］. 中小学电教，2017（Z2）：76-77.

[54] 王民. 数字教育资源生态化建设和共享模式研究［M］. 上海：上海交通大学出版社，2014.

[55] 曹琳. 论微课程与传统大学英语教学的有效融合［J］. 大连民族学院学报，2014（4）：475-477.

[56] 王同娟. 精品资源共享课中微课制作方式探索［J］. 中国教育技术装备，2018（23）：47-48，53.